I'm Feeling Like You

Millions of thoughts you feel every day

by

Rahul Ranjan Mohanta

Noel Lorenz House of Fiction

INDIA . KENYA

Title of Book: *I'm Feeling Like You*
Subtitle: Millions of thoughts you feel every day
Authors of Book: **Rahul Ranjan Mohanta**
First Published in India in Oct 2021 by Noel Lorenz House of Fiction
Copyright © **Rahul Ranjan Mohanta**, 2021.

ISBN 13: 978-93-93695-41-3
Noel Lorenz House of Fiction
Headquarters - Kolkata, West Bengal, India
154A, KCG Road, Kolkata - 700050
www.noellorenz.com

About Book

'I'm feeling like you' is about the poetries and life lessons. Author experiences each and every emotion of this book. He wants to share all the difficulties he faced and how to solve it. A life journey from a broken piece to an antique one, his life changes a lot in last two years. Each emotion he going through explains here. Book is for how to live a life, spreading love around and sharing untold emotion through the words. Hope you all enjoy the reading.

मेरे जिंदगी के किताब में

कुछ पन्ने आपने किताब का जोड़ा रहा हुं,

एक नया कदम मंज़िल की ओर..

और कुछ किस्से वक्त के साथ पिछे छोड़ रहा हूं।

About the Author

An engineer by profession and a writer by passion, Rahul Ranjan Mohanta share his experience upon life and love life through each thought. He explained each thought and lessons he got from a life journey of a broken heart person to a dreamer. He believes that one line of true thought can change everyone's life.

In 2019, while fighting with depression and loneliness, he decided to write poetries and thoughts about life and love which help him to heal up from depression. After sometimes of writing, he decided to post all thoughts in social platform to help and support everyone else who was going through the same feelings. Depression and loneliness are big mental issues of our generation.

Here after two years of writing journey now he published a solo book, 'I'm feeling like you' to share his millions of emotions. Hope you all relate your life story with his emotions and take out some really good lesson to enjoy life. He is a strong believer in sharing life experience and makes another life easier. He holds a master's degree in metallurgical and materials engineering. He currently lives in Odisha with his family. He dreams to inspire millions through his stories and poetries.

You can visit him on Instagram @_instarj or his thoughts page on instagram @instarj_thoughts.

Preface

I eagerly want to thank you for choosing this book. It is a passionate expression of my life and love life experience. Thank you for giving me this chance, dear stranger. I hope I can help you in the journey. I don't know much about you and your life. I don't know where you live, what you do for a living, whether you study or work, whether you are healthy or poorly, whether you have children or are still a child yourself. I do know that you are feeling lost. A feeling I am all too similar with myself. I don't know the details of your life, and you don't know mine, but I want you to know you are not alone in your feelings. I might not know or understand exactly why you are feeling lost, but I hope you can trust me when I say that I have been there. I have experienced what you are going through, and I need you to know that I understand. And that is why I am writing these letters to you: to let you know that you are not alone, and that you are understood. Your feelings are understood. No matter how difficult life is, we are the traveler. And we experience each day as it's a new day.

Wishing you a happy journey is ahead with me. I'm feeling like you.

Acknowledgement

Thank you so much Mama and Baba, for always loving me unconditionally and being so supportive. You are everything for me.

Thank you some special persons, who encouraged me to start writing and give me constant support and love. They are the reason I write continuously. They motivate me to look further and forget to past. This book would not have existed without you all. So much love for you.

Thank you so much my friends and followers for appreciating my writings and loving me for what I am. Thank you for always being there.

Thank you everyone at Noel Lorenz House of Fiction, my publisher, for giving me the opportunity and working so hard on publishing this book. You are the best in the business.

I'm forever grateful to the universe.

Contents

CHAPTER 1

(Poetries)

हिंदी कविताएं...

कोन कमबख्त पीता है गम भुलाने के लिये,

हम तो पीते हैं चैन की निंद सोने के लिये।

-first thought ever.

ये दोस्ती के किस्से भी अजीब होता है,

जो साले सबसे खास होते हैं

वही सबसे कमीने होते हैं,

और जो कमीने होते हैं

वही साले सबसे सच्चे होते हैं।

-friendship story.

"मासूमियत"

हम भी कभी बच्चे थे,

मन के बड़े सच्चे और मासूम तो हम भी थे,

पर जमाना बदल गया आस पास के लोग भी बदल गए।

छोटे थे तो मासूमियत अच्छा लगता था,

बड़े हुए तो मासूमियत कमजोरी लगाने लगी,

हर कोई फायदा देखता रहता है।

-innocency story.

बिखर गये थे हम

खुद को खुद ही समेटा

और सबर गये हम।

-recovery story.

दिल अब ज़िन्दा है या मर गया पता नहीं,

जिंद हुं तो वो भी पडा होगा यहीं कहीं।

-not care to live.

"मर्द को दर्द नहीं होता"

ये बस एक कहानी है।

जिंस कहानी में कोई सच्चाई नहीं।

मर्द के दर्द महसूस करने की कोशिश करो,

जिंदगी गुजारना मुश्किल हो जाएगा।

वो मर्द ही है जो खुद को सम्भाल रखे

की कोई अपना बिखर ना जाए।

खुद का दर्द भूल जाए

की कोई अपना हिम्मत ना हारे।

जानना है हिम्मत मर्द की,

तो जरा पापा की हालत पुंछ लेना,

हिम्मत का पता चल जाएगा,

और मर्द के दर्द का एहसास भी हो जाएगा।

- men struggle story.

हमारी कहानी सुने एसा कोई मिला नहीं,

हमारी कहानी का हिसा बने एसा कोई चाहा नहीं,

खुद की कहानी हम खुद लिखने लगे और सुकून मिलने लगी।

हम शायर नहीं कभी,

पर हमारी कहानियां शायरी हो गई

और हम शायर बन गए।

-a writer story.

"वक़्त का खेल"

एक वो दिन था जब खामोसी में

बहोत सौर था, तडपन था, घूटन था,

एक आज का दिन है जब खामोसी में

जिंदगी के सुकून का एहसास हो रहा है।

-silence teaches you everything.

"तनहाई"

दिल भरने को है,

आंख नम होने को है,

अब बस तन्हापन का इंतज़ार रहता है।

-sometimes loneliness gives you peace.

"दुनिया उम्मीद पे कायम है"

सुबेह जागा तो उम्मीद होता है के दिन आछा जाऐ,

साम हुआ तो उम्मेद होता की घर अच्छे से पहुंचना है,

रात हुआ तो उम्मेद होता की कल की सुबह नसीब होगा।

ऐसे ही उम्मीदों के कतारें लेके,

हम हर दिन जी रहे हैं।

-always hoping for the best.

यूं आप का हमे देख के मुस्कुराना,

यूं आप का बिखरे हुए ज़ुल्फ संवारना,

यूं आप का "सुनो ना" बोलके हमको बुलाना,

क्या है ये पता नहीं, परा अच्छा लगता है।

-all efforts from you matter for me.

"सजा दो मुझे"

किसिकी ज़िन्देगी सबारना,

किसिको अपनी जिंदगी से बेहतर ज़िन्दगी देना,

किसिकी तक़लिफें मीटा के उसको असल ज़िन्दगी से रुबरू कराना,

किसीकी आंसू पोछ कर उसको मुस्कुराना सीखाना,

किसिको प्यार से नफ़रत हो गया था उसको प्यार का एहसास कराना,

अगर गुनाह है।

तो सजा दो मुझे।

-punish me, if I'm wrong.

दिल में छुपा हुआ वो दर्द आज भी मीटा नहीं,

बस कुछ दुआओं का इन्तजार है

सायद दिल फिर से जिंदा हो जाए।

-hope never dies.

"ज़िन्दगी एक सड़क"

जिन्दगी सड़क के तरह होता है,

नया हो या पुराने हो

हर कोई आता जाता रहता है,

हमें ये सफर का मजा लेना चाहीए,

पता नहिं कव सड़क खत्म हो जाएगा।

-life is like a road.

मज़बूरी बस यहीं है,

हम तो बस दिलासा दे सकते हैं,

प्यार नहीं कर सकते।

-helplessness to love you.

झूठी मुस्कान दे देके थक चूका हूं

खुदा मैं खुद को खुद से खो चुका हूं।

-fake smile hurts most.

क्या नया सबरा धुंडना गलत है,

अगर नहीं, तो सब रोकते क्यों है।

-resist hoping.

दिल तो हार गया था,

आप के आने से थोड़ा संभल गया था,

आप थाम लेंगे हाथ ये हमने सोचा था,

पर एसा हो सकें नसीब को कहां मंजूर था।

-hope dies when you left.

देखो वो चांद है

कितनी हसीन - कितनी खूबसूरत

पर तुमसे ज्यादा नहीं।

-you are beautiful.

उनकी हसी जैसी चांद की किरण,

उनकी चेहरा जैसी खिलता हुआ गुलाब,

उनकी अदाएं खरगोश जैसी चुलबुल,

उनकी बातें जैसी कोयल की मीठी बोलीं।

क्या बताऊं उनके बारे मैं।

बस ख़्वाबों में ही रह गई हैं वो,

ना कभी एसा कोइ आया है,

ना ही कोई साथ चलने का वादा किया है,

सब आये हैं और बक्त के साथ चले गए हैं।

-sometimes desires hurt.

बात तो हर किस्से होता रहता है

पर तुमसा कोई बात करता नहीं।

-missing you.

तेरी खिलता हुआ चेहरा हो

और मेरी नजर बस तुझपे हो

बस यही चाहिए खुशी के लिए।

-*a wish.*

कहां कहां खोये रहते हैं,

कभी हमारी याद भी कर लिया करो।

-*remind you to miss me.*

कोई हमसा है तो उसे जरा बुलाओ ना,

पुचना है उनसे; केसा लगता है इतना दर्द झेलना।

-*survival is tough.*

थोड़ा संभलना पड़ता है,

थोड़ा संवारना पड़ता है,

कभी कभी उनके गलतियों को

माफ करना पड़ता है।

-*relationship rules.*

सायद तुझसा कोई समझता मुझे,

सायद तुझसा कोई सम्भाला मुझे,

सायद तुझसा कोई और मेरा होगा,

सायद तुझसा कोई दुसरा होगा,

तू ही है, बस तू ही है,

मेरी प्यारी दीदु।

-having a loving sister is blessing.

बक्त बदलता रहेगा इन्सान बदलते रहेंगे,

बक्त के साथ चलो तो ज़िंदगी जिना सिख जाआगे।

-life survival rule.

हमने भी मोहब्बत किया था।

ये जानने के लिए की,

मोहब्बत क्यों करनी नहीं है।

-I do love to know why don't love.

हर बार यूं रील मैं आया ना करो,

बार बार हमारे दिल को सताया ना करो।

-insta reel emotion.

इंतेहान मोहब्बत की,

ये मासूम दिल दे चुका है।

खुल के प्यार बरसाया था,

खुल के बहुत रोया भी है।

अब बस जिन्दा रहने की तलब है।

-try to heal.

दर्द भरी ये पल मैं,

उम्मीद के गोद में बक्त बैठा है।

दर्द मिट जाएंगे बक्त चला जाएगा,

पर ये जिंदगी चलती रहेगी।

-life goes on.

हम गरीब लोग हैं साहेब,

हमें आपना औकात मालुम है।

आप को बस थोड़ा तमीज सीखना है।

फिर सब ठीक हो जाएगा।

-*self-respect matters everytime.*

बहुत दिनो बाद,

घर का परिंदा घर लौट आया है।

-*someone special return.*

दुनिया से लड़ लेते उनके लिए,

पर जब उनसे लड़ने की बात आई,

हम हार गए।

-*love never hurt other.*

मुझे तेरी याद से ज्यादा मेरी मोहब्बत ने

मुझे जिंदा लाश बना दिया है।

-*love punish you like as hell.*

इतनी मुश्किल जिंदगी केसे हो गई है,

कोई हाथ भी पकडले तो रोना आ जाएगा।

-tough survival need rest.

किसी से आज मुलाकात हो गया

तो कोई परसों हम से बिछड़ गया,

जिंदगी के सफर मैं कोई साथ रह गया

तो कोई पिछे छुट गया,

हालत एसा है हमारा की जो भी आए,

आज या परसों बिछड़ ही जाता है,

कोई रुला के तो कोई दिल तोड़ के चला गया।

-all left me alone.

टुकड़ा टुकड़ा पन्नों का किताब हो गया हूं,

कोई इन पन्नों को जोड़ ले तो मैं उसे खुदा मान लूं।

-lots of broken pieces wants someone to gather.

अगर नशा सराब में होता तो बोतलें भी झूमती,

अगर प्यार खुद से हो सकता

तो किसी और से करनी नहीं पड़ती।

प्यार बस खुद से हो सकता है

या किसी दुसरे के साथ,

कभी भी प्यार एक साथ खुद से

और दूसरे से नहीं हो सकता।

-love facts.

खयालों में हमारी चेहरे की मुस्कान आई तुम्हारी,

ना हम छू सके ना हम महसूस कर सके,

बस आपको देखने की नसीब पा के

थोड़ी देर खुश हो गए।

-dreaming about you.

रिश्तों को बक्त देना जरूरी है,

नहीं तो वो बक्त आने पर टूट जाते हैं।

-every relationship rule.

मुझे तेरी हर चिज़ प्यारी लगी थी,

पर तू नहीं, तू बेवफा जो बन गई।

-hating you.

कपड़े उतारने को तो सब आते हैं,

पर जिस्म को ढकने आपने ही आते हैं।

-own people never left.

हमें दोस्ती निभाना आता है और दुश्मनी भी।

सान से!!!! आपको क्या मंजूर है, बता भी दिजिये।

-I treat you as you treat me.

कभी जिम्मेदारी के नीचे दबे हुए लड़कों को देखा है,

तरस आ जायेगा उनके हालत देख के।

-responsible men tries hard to survive.

हमें लगता है सारी दुनिया इश्क मैं है,

और यहां बस हम ही अकेले बेठे हैं।

-loneliness feel you like a single.

रोने लगा हूं

खुद के हलत देखके

खुद ही रोने लगा हूं।

-tough to see me like this.

क्या फरक पड़ा है,

मेरे होने से या ना होने से,

तुमने तो कभी हमको आपना माना नहीं।

-complaining.

क्या तक्लीफें बताऊं किसको

यहां तो अपने भी मतलबी हैं

और पराएं भी अपने हो गए हैं।

-situation don't let me to trust anyone.

पता नहीं क्यों,

इतना हसीन चेहरा तुम्हारा अब देखकर,

घिन सा लगता है।

-hating you like a shit.

सयाद मुझसे गल्ती हो गया था,

आपकों अपना जो मान लिया था।

-you are a mistake.

दिल दुखना तो आदत सी हो गई है,

कभी अपनों ने दिल दुखाया है

तो कभी परायों ने इस्तेमाल किया है।

-now heart breaking is a habit.

थोड़ा जिंदगी के खयालों को रेहने देते हैं ना..

अब थोड़ा प्यार और मोहब्बत की बातें करते हैं ना..

जाने कोन जाने, कल हो ना हो.....

-enjoy the present and left all behind.

सलाह दुनिया को देता रहता हूं,

फिर अपने समय पर क्यों रोता रहता हूं।

-acceptance hurt me.

सुना ही आप सबको हंसाते हैं,

फिर हमको हंसाते क्यों नहीं।

मोहब्बत थी हमसे,

तो बताया क्यों नहीं।

माना के खफा थे एक पल के लिए,

आप एक भी बार मनायें क्यों नहीं।

-complain for not to love.

क्या बतायें आपको हमारी मजबूरी।

दिल तो तड़पता रहता बताने को,

बेइंतहां मोहब्बत जो है आपसे,

पर ये दिमाग थोड़ा अड़ियल है,

मानता नहीं आपके पास जाने को।

-afraid to hurt.

ना आपको हम मंज़ूर,

ना किस्मत को हम दोनों का मिलना।

आप से अलग है हमारी जिंदगी,

क्या करें यह नसीब है हमारा।

-luck not favor.

दिल मैं था कुछ,

तो बता दिया सब कुछ।

-open heart thought.

तेरी खिलती हुई हुस्न की क्या तारिफ करूं,

उतनी मेरे जुबान पे लफ्ज़ नहीं।

काली नासिल आँखों की समन्दर में डुब जाऊं,

उतनी मेरी हिम्मत नहीं।

-I'm not dare to love you.

ऐ खुदा,

क्या फुर्सत से बनाया है ये हुस्न को,

मुझे थोड़ा लब्ज़ का ज्ञान भी दे

ये हुस्न का तारिफ करने को।

हुस्न की बात छेड़ी है तो बोल भी दूं,

थोड़ी और तारिफ तेरी कर भी दूं।

तेरी जुल्फों की बात क्या करूं,

दिल घायल कर देती है।

ये तेरी लाल ऑंठों की लाली,

हमारे जान लेने की काबिल हैं।

और तेरी मुस्कान,

हमारी होस उड़ाने के लिए काफी है।

-compliment.

कोई जरूरी नहीं हर बात बताने की

थोड़ा कुछ आप समझ लेते हैं

थोड़ा कुछ हम जान जाते हैं

इसिलिए तो ये दोस्ती का सिलसिला बरकरार है।

-understanding need less talk.

मोहब्बत तुझसे कुछ ऐसी है,

बिल्कुल पागलों की जेसी है।

-love you like a mad.

चाय -बिस्किट

ये प्यार के किस्से भी,

चाय बिस्कुट के कहानी जेसी है।

चाय में बिस्कुट लाजबाव चिज़ है,

पर वाही बिस्कुट चाय में ज्यादा डुबाने से टुट जाता है।

वेस्से ही बस प्यार हो तो अच्छा,

पर ज्यादा प्यार हो तो रिस्तों में दरार आ जाता हैं।

-love stories are like tea-biscuit.

आरे जानी !

सुनों तो जरा,

नशा है तू,

और मैं तेरे नशे में उमर भर रेहना चाहुंगा।

-want to dip in your love.

नया साल नया सूरज ला रहा है

नया उम्मेद की किरण साथ ला रहा है,

जितना कुछ वक्त के साथ पिच्ली साल लिया है

उम्मेद है नया साल आपने साथ बहुत कुछ ला रहा है

नया सूरज, नया उम्मेद और नया सपनों के साथ

आप सभी को नई साल मुबारक हो दुआओं के साथ।

-happy new year.

हम शायर लोग हैं साहेब हमें हमारी हालत कभी मत पूछना,

हम पूरा कहानी लिख लेंगे और आपकों समझने भी नहीं आयेगा।

-writer words are beyond real meaning.

तेरा इश्क अधूरा था जो बिखर गया,

नया प्यार पा के पिगल गया।

हमारा इश्क पूरा था जो अभी भी रुका राहा

नया प्यार पा के भी तेरा प्यार ना भूला पाया।

-I'm not like you.

शून्य अपेक्षाएं पूर्णकालिक खुशी का पहला नियम है।

-Rule of happy life.

लोग प्यार पाने को तरस गए,

हम प्यार देके खुश रहें,

कुछ चाहा नहीं कभी-भी जिंदगी से,

फिर भी जो मिला उसे जम्नत समझ कर आगे चल दिए।

-spreading love without mean.

हम बेवफा कभी नहीं थे

पर हमें बेवफाई का इल्जाम भी लेना था,

कुछ कमी हमने भी किया होगा

जो उनको हमपे इल्जाम लगाने दिया होगा।

-a mistake.

तू जो चली गई तुझे ही पता होगा तेरी मजबूरी,

कभी मेरी आशिकी की बारे मैं बताना मत दुनिया को,

क्यूं की ये दुनिया भी जानता है,

मेरी आशिकी को बयान कर सके उतनी तेरी उकात नहीं ।

-confidence in own love.

खामोश हूं इसिलिए नहीं की कुछ जानता नहीं,

खामोश हूं क्यों की सब समझने लगा हूं।

-reason of silence.

कभी कभी डर लगता है अकेले जिने में,

फिर सोचता हूं साथ चलने को हमसफर भी तो नहीं है,

तो फिर अकेला ही थोड़ी देर चल लेता हूं,

और थोड़ी जिंदगी अकेले गुजार लेता हूं।

-a lonely path of story.

ये सुनी रातें ठेहर सी गई हैं,

ये रातों की खामोशी भी कुछ केह रही है,

पर यहां मेरी जिंदगी थोड़ा उम्र बढ़ा रही है,

और मेरी सांस थोड़ी कम कर रही है।

ये खतम होते सांसों को बहुत कुछ बताना है,

ये जिंदगी को पूरा उम्र गुजारना है,

ये रातों की खामोशियों को भी मिटाना है,

ये सोते हुए रातों को भी जगाना है,

बस ऐसे ही जिंदगी जी लेना है।

-hoping of best morning after a darkest night.

हम जिंदगी के साही से आप को लिखते चले गए,

और आप उसे मिटाते चले गए,

हमें लगा आप कुछ नया लिखने के लिए मिटाते जा रहे हैं,

और फिर पता चला की हमारे जिंदगी से आप खुद ही मिट गए हैं।

-not aware of truth.

तेरा इश्क फरेबी वाला,

तेरा मोहब्बत बेवफाई वाला,

तेरा प्यार अधूरा वाला,

फिर वी हम उस हुस्न पे मरते थे,

जिनको दोस्ती की माइने भी पता नहीं था,

एसा था मेरा प्यार।

-love for a wrong person.

इतनी हिम्मत थी की खुदा के पास से ले आते तुमको,

पर ये याकिन ना था उनको हमपे की घर वाले से मांग पाएंगे कि नहीं ,

इसी बात की ग़म तब भी थी आज भी है,

तब उनको मना नहीं पाए और आज उनके बिना भी हम जिन्दा हैं।

-lack of trust and believe.

जाना ही था तो आये थे क्यूं,

जाने के बाद भी तड़पाये क्यूं।

-hating you.

वो आज किसी और के साथ खुश हैं,

और हम आज भी उनके तलाश में हैं,

वो जो हमको भुला दिए,

हम आज भी उनपे मरते हैं।

-missing you.

ऐ खुदा तुझे कसम है मेरा,

उनके जेसा किसीको मेरे जिंदगी मैं मत लाना,

उशे अच्छा मुझे तेरे पास बुला लेना।

-a wish to god.

ये थंडी सुभा,

ये उस के अन्दर से निकलती सूरज,

ये खिडकियों से टपकती उस की बुंदे,

एक थंडी अंधेरी रात के बाद

एक बेहतर सुभा का एलन कर रहा है।

-a winter morning scene.

हर एक पल के बाद समझ में आ रहा है,

हर चिज का एक सही बक्त अता है,

और बक्त के साथ हालत भी बदलता है,

हालत खाली बदलता नहीं बेहतर भी होता है।

-lesson from winter morning.

ना कुछ मांगा ना कुछ चाहा था उनसे,

बस कुछ आखिरी सांस तक हमारे साथ निभाना था उन्हें,

उनके जाने से अब बस खुद को ही धुंडता रहता हूं ।

-lost myself.

अंशु भी सुखने लगें हैं तेरे जाने के गम भूलाते भूलाते,

इसी तरह पल गुजर जाएंगे तेरी मुझे छोड जाने की वजह धुंडते धुंडते।

-searching of reason behind the tears.

आज वो नजरों के सामने आये,

लगा की ख़ुद को रोक नहीं पायेंगे,

फिर ख्याल आया उनको देख के,

की सायद ही कभी हम उनको प्यार करते थे,

पर वो अभी किशी और के हैं।

जनाब!!! दर्द तो बहुत हुआ था,

पर अभी फरक नहीं पड़ता उनके होने से,

या ना होने से।

-meeting scene after the heartbreak.

कल फिर एसा हुआ,

निंदों मैं यादों की दस्तक मिली,

यादों में हम थे वो थी और हमारी खामोसी,

कुछ देर ही सही उनका प्यार मिला था हमे,

थोड़ी देर के लिए ही सही वो हमारे नसीब मैं आये तो थे,

बस यही एक खुशी थी और आज भी है।

ना उनकी जाने का गम है,

ना उनसे कोई सिकायत है,

बस मेरे नसीब के प्यार में मंजिल नहीं था,

बस वहीं थोड़ा अफसोस रेह गया।

-story of memories & regrets.

जिंदगी की राहो मैं चलना सिख गए हैं,

मुश्किल वाले कांटों की परवाह ना करते हुए,

जन्नत वाली यादों को साथ लेते हुए,

चाहे रास्ता कच्चा हो या पक्का,

अब हर कदम आगे बढ़ाना हैं,

बस कभी थोड़ा धीरे तो कभी थोड़ा तेज़ चलना है।

और अभी लगता है की मंज़िल दूर नहीं।

-a hope for a better life.

एक आदत का हिसा थी हम उनके,

जब उन्हे लगा आदत बदल रहा है,

वो हमें ही अपनी जिंदगी से निकालने लगे,

और आज वो वही आदत के साथ किसी और के साथ खुश हैं।

क्या गलती था मेरा, मैं आज भी धुंड रहा हूं।

-changing habit is hard.

जिंदगी के सफर है आगे बढ़ने की,

मंजिल भी है ये सफर को खत्म करने की,

चाहे कितनी इम्तिहान देना पड़े दे देंगे,

दुख छीन कर सबके मन मैं खुशियां भर देंगे।

-a wish.

फिर कभी,

ये सफर खत्म होगी,

ये मंजिल नसीब होगी,

और हम हंसते हुए सबको रुला कर चले जायेंगे।

-truth of left all behind.

कभी एसा दिन भी आया था,

हम उनके साथ हुआ करते थे,

खुल के हंस लिया करते थे,

खुल के रो लिया करते थे,

और जिंदगी उनके साथ बहुत खूब जी लिया करते थे।

अभी ज़िंदगी जेसे उनके आने से पहले था,

उनके जाने के बाद ऐसा हो गया है,

हस्ता हूं तो डर लगता है कि कब रो दुं,

रूता हूं तो डरता हूं की पागल की तरह हस पडुं,

और अभी सब पागल भी बुलाया करते हैं।

-everything changes with time.

आशिकों को आंखों मैं और

गम को साथ लेके घूम रहे हैं,

हालत की बात न किजिये

हम बस जिंदा रहने की कोशिशें कर रहे हैं।

-hard survival.

मैं ना अपनों का हो पाया

ना ही परायों का हो पाया

बस खुद को खुदसे मिलाता रहा

और अकेलेपन में तड़पता रहा।

-lonliness hurt.

हाल अब बेहाल है मेरा

दर्द अब दर्द सा जो नहीं लगता,

अंशु भी अब महसूस नहीं होता।

-sadness story.

मैं जब भी तेरा याद करता हूं,

मैं अपना बहुत बुरा हाल करता हूं।

-missing you lots.

सर्दियों की रातें हो

गर्मी तेरी सांसों की हो

मेरे जिस्म में लिप्ती तेरी जिस्म हो

एक प्यारी सी पल तेरी मेरी हो

और जन्नत की सैर हो।

-a dream with you.

तुम्हारा मेरे जिंदगी मैं आना,

बंजारा ज़मीन पे फूल खिलाने जेसे था।

और वो फूल को तोड़के तुमने,

मुझे मेरा अहमियत भी बता दिया।

-reality hit you hard.

ये जिंदगी सुक्रिया

कितना नादन था,

कितना बेबस था।

अब समझदार हो गया हूं,

और तेरा कर्जदार भी।

-experience teach you everything.

मैं तेरा दीवाना, तू मेरी दीवानी

हो गई ब्रेक अप खतम कहानी।

-short story.

पता नहीं क्या चल रहा है,

पर ऐसी जिंदगी हो गई है की,

ना रोने के लिए वजाह की जरूरत पड़ती है

ना हंसने के लिए माहौल की।

-life is tough.

हमनें आपके सांसो को भी अपना माना था,

हमें क्या पता था,

आप को तो हमारी सांस लेना भी मंजूर नहीं था।

-a bitter truth about you.

मैंने मन से दिल से जिसको चाहा था वो तुम ही हो।

तुम तो बिछड़ गए हो पर ये दिल आज भी चाहता तुमको,

रब करे तुम जहां भी हो जेसे भी हो खुश रहो,

हमारा क्या है हम तो पागल थे पागल ही रहेंगे।

-wishing you good life.

मामा-बाबा

स्वर्ग जेसी घर मैं मामा जेसी प्यार करने वाली,

बाबा जिसे ख़्याल रखने वाला हो,

तो जीने के लिए और क्या चाहिए।

-parents love.

मैं दिल मैं अता हूं दिमाग मैं नहीं।

दिल मैं उतरने को कोसिस करोगे तो पहचान लोगे हमे,

दिमाग से पहचान ने कोशिश करोंगे तो धोखा खा जाओगे।

-real me.

दिल भर गया है ये बदलतीं दुनियां देखते-देखते।

यहां जानवर को प्यार,

और बुढ़े माँ बाप को नफरत मिलता है।

यहां गरीब किसान खाने को तारस रहा है

और सरकार नया चिज़ और बिकास की बातें कर रहा है।

वाह!! मुस्कुराइए अच्छे दिन आ गया है।

-reality of modern world.

चल !! आ जा.. ना... ए जानू !!!!

चल आ जा ना पास थोड़ा,

देदे साथ ज़रा,

थामले हांथ जरा।

ये दुनिया की उलझनों से दूर,

अपना एक दुनियां बनायेंगे।

चल !! आजा ना...

-let's go and find a new world.

हमने छोड दिया है वो गलियां

जहां तुम और तुम्हारी यादें थी,

अब बस हम हैं और हमारी गोलियां की ख़ामोशी।

-healing story.

हमने चुना है एक सफर को,

जिसमें हमने अपनी दर्द को,

अपनी हर एक एहसास को,

अपनी दिल की हर धड़कन को,

लफ़्ज़ों में बयां किया है।

-my writing story.

हम इतने खो गए है गम मैं की,

आज तो सवाल ने भी सवाल किया है की,

क्या तुम्हें आज भी जवाब का इंतजार है?

-a never replied question.

समन्दर कितना गहरा है जाने के लिए

उसमे उतरना पद है,

किसीको अच्छे से जान ने के लिए

उसके दिल में खुद को उतारना पड़ता है।

-reality take time to shown.

जिंदा जिस्म को मुर्दा बना दे,

वो बस मोहब्बत का कमाल है।

-love make life as hell.

यादें तारस गए हैं,

तेरी याद करते करते।

-missing you.

पैसा भी बड़ी गजब चिज होती है,

पैसा दिखता है तो आदमी झुकता है।

-money power.

ऐ ज़िंदगी बर्दाश्त से बहार हो गया है तेरे साथ चलना,

अब तू ही बता, मैं ऐसे ही जीता रहूं, या मरजाउं।

-life don't let me die.

दिल का जख्म तो भर गया है,

पर तेरी ना होने का एहसास आज बी होता है।

-remember you.

युं तो हम खामोश ही रहते हैं,

हमारे खामोसी भी बहुत कुछ केहता हैं,

बस उसे सुनने वाला कोई चाहिए।

युं तो अन्दर हमारे आज भी तड़प है,

बहुत सी बातों का दर्द लेके घुमते हैं,

आस पास के लोग ये दर्द का एहसास होने नहीं देते,

बस यही चिज को लेके हम ज़िंदगी गुज़ार लेते हैं,

सुबह से साम तक एक हंसता हुआ चेहरा लेकर घूमते हैं।

-truth behind a smiling face.

एक वो दिन था जब तेरे जिस्म पे बस हमारा हक था,

चाह उसे एक लड़की भी छू ले तो दर्द होता था,

और एक आज का दिन है जब तू किसी और की है

और तेरा जिस्म किसी और के बिस्तर में है।

-physical appearance hurts.

हम तरस्ते थे जिनके एक मुस्कान देखने के लिए,

आज वो दिन भी आया हमें उनसे मिलना नसीब हो गया,

उनसे बात करना तो नसीब हो गया,

पर उनसे दोस्ती नसीब मैं नहीं था।

सयाद इतना ही सफर था हमारा उमके साथ।

-failed try for a new beginning.

कुछ अपने वारे मैं

थोड़ा सा अच्छा थोड़ा सा बुरा हूं,

थोड़ा सा सुधरा हुआ थोड़ा सा बिगड़ा हुआ हूं,

थोड़ा सा समझदार थोड़ा सा नासमझ हूं,

किसी के लिए पागल तो किसी के लिए अच्छा हूं,

किसी के लिए नौटंकी तो किसी के लिए खुशी का साहारा हूं

किसी के लिए बेवफा तो किसी के लिए वफ़ा का सूरत हूँ,

जैसा भी हुं मैं खुद के लिए खास हूँ।

-about myself.

आज ज़ुबान पे ज़िंदगी के वारे मैं कुछ आया है

ज़िंदगी एक छोटा सा घर है,

जिस्के बाहर भी भीड़ है और अन्दर भी भीड है,

बहुत लोग अन्दर आते भी हैं और बहार जाते भी हैं,

बस कुछ बेमतलबी लोग परिवार बन जाते हैं,

और कुछ मतलबी लोग अपना काम होने पर बहार निकल जाते हैं।

तो खुद को कभी अकेला मत समझना

ये जिंदगी है मेरे यार!!!

ये तुम्हारे उम्मेद से भी बढ़कर बहुत कुछ देगा

बस सही बक्त का इंतजार करो

और जिंदगी की हर पल का मजा लो।

-truth of life.

सायद ये मेरा प्यार है जो आज भी तेरा ज़िक्र करता रहता है।

आज तेरे याद मैं भी मेरा ज़िक्र नहीं होगा,

ना ही तेरी ज़िंदगी मैं, ना ही तेरे आस पास।

-a bad realization.

ये दुनिया देखी है बेवफाई तेरी और वफ़ा मेरा,

फिर भी क्यों आज भी ज़िक्र करके तेरी,

थोड़ी देर ठेहरसा जाता हूं।

सायद ये प्यार था जो आज भी है उस दिन भी था

पर तूने महसुस नहीं किया।

बस यही दुआ है खुदा से सलामत रखे तुझे,

मैं ना सही कोई और ख्याल रखें तेरी।

-truth of relationship.

जिंदगी में कुछ प्यारा रिश्ता बन जाता है,

जो खून के रिश्ते से भी अच्छे होते हैं।

-ownpeople story.

जिंदगी साथ चलने की सफर है,

सफर में साथी मिले या ना मिले जिंदगी जी लेना चाहिए,

अकेले सफर का मजा लेना बहुत कम लोगों को नसीब होता है।

कुछ सफर से परेशान जिना छोड़ देते हैं

और कुछ साथी के इंतजार में जिंदगी काट लेते हैं।

-fight to survive.

याहां सफर में;

साथी तो नहीं मिला हमें

पर किसी और का साथी बनने को तैयार हैं,

चाहे बाद मैं वो ही साथ क्यों ना छोड दें,

पर हमारे साथ गुजरा हुआ दो पल याद करते रहें।

-never back stepped to help.

लोग बोलते हैं,

क्यूं आज भी याद करता है उस बेवफा को,

क्यों आज भी तड़पता है उसके लिए,

सच बताएं; वो तो हमारे याद मैं भी मरचुका है,

बस ओप्सोस इस बात का है कि,

वो झूटी कस्मे खाके भी जिंदा हैं।

-regret.

याद को यादों से दूर

यादें इतना याद आते हैं की,

यादें को यादों में ही छोड जाना चाहूं मैं।

-not intrest to live.

हमें इश्क हुआ था एक हसीन रूह से,

जिनका एक मुस्कान हमें ज़िंदगी के सुख से रोबरू करती थी,

जिनका एक पुकार हमारे रूह को भी जगाया करती थी।

अभी वो जिंदगी भी है और जिस्म में रूह भी,

पर जिने मैं ना कोई सुख है ना ही कोई रूह को जगने वाली है,

बस जी रहे हैं जिंदा रहने के लिए।

-survive the truth.

आंखें अंशु से भर गए हैं,

दिल भी गम से भर चुका है,

ज़िन्दगी बी अभी भरा हुआ लग रहा है,

बस एक रोशनी की इंतजार है;

ये रोशनी आखिरी सांस लेने के बाद दुसरी दुनिया का होगा,

या इस जिंदगी का नया सूरज की किरण का होगा।

-waiting for a shine to live.

आज कुछ सफ़र के बारे में

ये सफ़र है प्यार का,

जो एक के लिए अधूरा रह गया,

सपने, रास्ते, किस्से सब अधूरा रह गया।

और एक के लिए पुरा सफर था

जो भी हुआ बस इतना ही था,

इस्के आगे कुछ नहीं है

बस एक सफर था जो खत्म हो गया।

-ending of a beautiful story.

हर बार इन्सान गलत नहीं होता,

कभी कभी बक्त बी गलत होता है।

-situation matter.

उनसे मिलने-जुलने का अहसास,

उनसे घोटों बात करने का आदत,

उन्हें देखते रहने का सुकून,

उनके पास होने का एहसास,

आज भी महसुस करता हूं,

पर यादों मैं।

-beautiful memories are remain.

ये दिन भी ढल जाएगा, नया सबेरा भी आएगा।

तेरी हर अंशु की किमत, ये बक्त को भी चुकाना पड़ेगा।

-truth of time.

रिश्ते आते जाते गए, जुड़ते टूटते गए।

फिर जब आखिरी बारी आया जाने की,

तो हम अकेले खड़े हुए थे।

फिर हुआ यहां हर बार ख़ुद का मुलाकात ख़ुदसे,

और हमें प्यार हो गया हमसे।

-at last I found myself first always.

पहला प्यार अलग होता है

पहली बार खुद से ज्यादा किसी और को चाहना,

पहली बार किसी दुसरे को आपना बनाना,

पहली बार खुद से अलग एक रूह को मेंहसूस करना,

पहली बार खुद की हर चीज किसी को शेयर करना

पहले बार ख़ुद के ख्वाब से और किसिका ख्वाब जोड़ना,

पहली बार किसका सपना को खुदका सपना बताना,

पहली बार उनके लिए बेचैन होना,

पहली बार उनसे मिलने को हर दिन तरसना,

पहली बार को ही आखिरी बार तक जोड़ के रहने का वादा करना,

पहली बार ये सब का एहसास किसी सपने से कम नहीं होता,

पहला प्यार अलग होता है,

पहला प्यार खास होता है,

मंजिल मिले या ना मिले,

जिंदगी के साथ जुड़ जाता है।

वो नसीब वाले होते हैं,

जिन्हें अपना पहला प्यार मिल जाता है।

और जिन्को नहीं मिलता,

उन्हे अपनी मंजिल थोड़ी दूर ही सही

कभी ना कभी तो नजर आ ही जाती है।

-first love emotion.

जिंदा हूं लेकिन जीने में वो बात नहीं,

खामोश हूं लेकिन अन्दर अभी भी सुकून नहीं।

-a tough life to survive.

ज़िंदगी के राह मैं,

आपको ज़िंदगी समझ कर चल दिए ये।

जब पहली बार हाथ थामा तो,

हाथ पकड़ के आप के साथ ही चल दिए ये।

आप सब कुछ थे हमारे लिए।

आप तो बोल भी दिये थे,

हमसे ज्यादा प्यार आप को कोई नहीं कर पाएगा।

फिर केशी थी मज़बूरी आप का,

हमारे दिल को चीर कर चले गए,

सायद हमारी ही गलती थी,

जो आप की पुरानी मोहब्बत का आश

हमारे साथ होके भी आप को हो रहा था।

फिर आया वो दिन,

आपका पहला प्यार लौट आया,

आपको अपनी पुरानी मोहब्बत मिल गया,

आप का दिल भी मोम की तरह पिघल गया,

और आप उन्हें अपनी जिंदगी बना दिये,

ओर हमको बेवफ़ा एलान कर दिये।

क्या मिला इतनी सिद्धत से चाहने की आपको,

पहले भी अकेले थे आज भी अकेले रेह गये हैं,

बस एक सवाल खुद से आज भी करता हूं

क्या आप कभी मेरे लायक थे??

-a tale from her to him.

हमारी कहानी अधूरी ही सही

किसी और अधूरी कहानी को पूरा करने की इंतजार मैं है।

-waiting for a bonding of two imperfects to perfect.

हर चीज की एक सही बक्त होता है,

और ये याद रखना बहुत जरूरी होता है।

-there is always a right time for everything.

जब काम होता है तो बहुत कदर करने वाले मिल जाते हैं,

जब काम खत्म हो जाता है तो बहुत मुह फिराने वालें भी देखें हैं।

ये दुनिया है जनाब!!! यहां थोड़ा पौं संभाल के रखियेगा,

नहीं तो मतलब के लिए पराये भी अपने हो जाते हैं,

और मतलब के बाद अपने भी पराये हो जाते हैं।

-selfish world.

जब प्यार था तब कदर था हमारा,

जब प्यार खत्म हो गया तो मुह फिरके चल दिया।

वाह जनाब वाह!!! ये केसा प्यार है,

जब तक मतलब निकल रहा था तो प्यार था,

जब मतलब ही ना रहा तो प्यार भी नहीं।

-selfish love.

अहमियत की बात ना किजिये आप,

कल भी आप खास थे आज भी खास हैं,

बस थोड़ी बातचित की दूरी आ गई है।

-you are always special to me.

यूं तो कहते हैं की प्यार

दो आँखों के सरारत भरी नज़रों में होता है,

और दो जबां उठं के चुमी मैं भी।

बस दो दिल मिलना चाहिए,

नहीं तो ये सब बस दो पल के ही रह जाएगी।

-real emotion matter.

इंसान हो तो इंसान बनो

सबको प्यार करो

सबका कदर करो

खुद जियो और सबको जीने दो।

-being human is humanity.

बेकरार थे हम रिस्ता निभाने के लिए,

ये नसीब ही था हमारा जो,

ये रिस्ता ही लिखा ना था नसीब में।

चलो रिस्ता टूटा ही सही,

ये दिल दुखा ही सही,

पर कुछ प्यार के पल,

और कुछ सुकून के पल,

याद रहेगा ज़िन्दगी भर।

-memory remains last.

जिंदगी गुजरने के साथ कुछ पल की याद भी साथ रहती है,

कुछ यादें ऐसे की बक्त आने पर मिट जाती हैं,

और कुछ याद एसा की भुलना तो चाहते हैं,

पर जब भी जिक्र होता है

याद आ जाते हैं।

एसे कुछ नाभुलने वालीं यादें है;

पहला प्यार की यादें।

-never forgettable memory.

यूं तो जिंदगी एक सफर की कहानी है,

उसमे भी कोई हाथ थाम ले,

या कुछ देर साथ चल दे,

तो सफर सुहानी हो जाए।

सायद ये जिंदगी हमें नसीब नहीं।

न ही कोई हाथ थामने आया

न ही कोई साथ चलने।

-a wish.

हम नादान कल भी थे और आज भी हैं,

बस फ़र्क है की इस्का फैदा कल दुसरे उठा रहे थे,

और आज हम अपनों के सामने ही खर्च कर रहे हैं।

-*innocency.*

किस्मत की जब छोटा था तब से प्यार ढुंढ रहा हूं,

किस्मत की आज तक किसी को अपना दोस्त केह सकुं मिला नहीं,

किस्मत की अकेले भी जिंदगी जी लून लोगों को दर्द होता है,

किस्मत की मैं कुछ करुं तो समस्या कुछ ना करुं तो भी समस्या,

किस्मत की आज तक किसको हक से अपना बोल नहीं पाया,

किस्मत की रिस्ते मैं गलती दोनों की पर साजा बस मुझे मिला,

किस्मत की खुद तो ज़िंदगी गुज़ार रहा हूं पर खुद के लिए नहीं,

किस्मत की काम तो कर रहा हूं पर खुद के मर्जी से नहीं,

किस्मत की बहत दिया है ज़िन्दगी ने मुझको,

किस्मत की जितना दिया है उसे ज्यादा लिया है,

किस्मत की खुद की एक बहन नहीं,

किस्मत की हर बक्त खुद ही खुद तड़पता हूं,

किस्मत की कोई दिल थामने वाला नहीं मिला,

किस्मत की हाथ पकड़कर साथ चल दें कोई मिला नहीं,

किस्मत की कोई थोड़ा भी प्यारी बात करदे तो उसे प्यारा कोई नहीं,

किस्मत की वहीं प्यारा, बक्त होने पर मेरा नहीं,

किस्मत की उम्मेद तो हर बार की सब अच्छा होगा,

पर फिर कोई नी, सब ठीक होगा बोलकर ख़ुद को समझा देता हूं,

एसा किस्मत है मेरी।

-my luck.

आँसुओं की बारिश से समन्दर भींगने चले थे,

कुछ देर बाद सूरज आया नई सुबह ले कर,

और हम नई सुबह की रोशनी देख के

नई उम्मीद करनें लगें और बेहक गए,

फिर चले गए नई जिन्दगी के तलाश में

देखो आज हम मुस्कुरा रहे हैं।

-motivation to change my life.

जब ज़ख्म देने की बारी आई,

अपनों ने सबसे ज्यादा दर्द दिया।

क्या बताएं तकलीफें हमारी,

हमने प्यार करके

खुद को सबसे ज्यादा तक्लीफ दिया।

-own mistakes hurt most.

दिल ही तो है।

कितना कुछ करेगा बेचारा,

उसको पिघलना है,

उसको जुडना भी है

उसको टूटना भी है,

उसको हंसना भी है

उसको रोना भी है,

दिल ही तो है

कीतना कुच करेगा बेचारा।

-dil bechara.

सफर सा एक जिंदगी था

जो तुमसे मुलाकात हुआ तो

हसीन सफर हो गया।

-beautiful journey starts.

ऐ दिल थोड़ा ठेहेर जा

मेरी बच्ची मुझे बुला रही है

थोड़ी खयाल उसकी और रख लूं

थोड़ा प्यार उसे और कर लूं।

-love for child.

फुर्सत मिले तो ज़बाब कर देना,

ये दिल थोड़ा हालत का मारा हुआ

फुर्सत से इंतजार भी नही करने देता।

-missing you.

पता नहीं क्यूं,

अब घर में भी,

घुटन सा महसूस होता है।

-stuck in home feeling.

ये बादलों को भी निचा दिखाना है

पहाड़ों के ऊपर भी जाना है।

आगे बढ़ने की कोसिस मैं

हर नाकामियों को पिछे छोड़ना है।

-fighting with emotions.

बात तो बहुत कुछ कहना है

पर सुनने वाला कोई नहीं है।

सफर तो बहुत किया है

पर हमसफर सा कोई मिला नहीं।

-some incomplete stories.

छोटे थे तो प्यार पाने के लिए रोते थे,

बड़े हुए तो प्यार ना मिलने पर रोते हैं।

छोटे थे तो सब जान जाते थे क्या चाहते हैं।

बड़े हुए तो हम खुद किसको बोल नहीं पा रहे हैं क्या चाहते हैं।

कुछ ना चाहते हुए भी रो रोके बड़े हुए,

अब दिल भारी करके बेथे हैं

फिर भी रोना नहीं आ रहा है।

-maturity change everything.

दर्द भरे अंशु को पि के

खुद को संभाला है मैने,

अपनी दर्द को लफ्ज़ मैं बयान करके

जिंदगी जीना सिखा है मैने।

-I moved on from depression.

बक्त की नज़ाकत को समझो,

ज़रा इंतज़ार खत्म किजिये।

नई दुनिया की तस्बीर साथ लाईए,

और हमको अपनी दुनिया बना लिजिये।

-a wish to you.

ना कुछ कमी रखा था

ना ही कुछ हमने मांगा था,

फिर क्या दिक्कत हो गया

की यूं बिना बताये चल दिए,

और इल्जाम भी हमपे लगा गए।

किस्मत की क्या मंज़ूरी थी पता नहीं,

पर आपसे जुदाई, हमें मंज़ूर नहीं।

-don't want to loose you.

रिश्ते जिस्म से बढ़कर रूहानी हो तो बेहतर।

रिश्ते टूटना नामुमकिन सा हो जाता है।

-soulmate is important than bedmate.

मम्मी के प्यार और बाबा के ख्याल रखना,

एक शायरी मैं बयान कर सकुं इतना हिम्मत नहीं।

वो दो मेरे लिए जिंदा भगवान से कम नहीं।

-living god.

हमनें कभी पुंछा नहीं,

उन्होंने कभी बताया नहीं।

-waiting for each others proposal.

मुसाफिर सा ज़िंदगी जी रहा हूं

कभी इस गली तो कभी उस गली।

ना तुम्हारी गली का पता मिला ना तुम मिली।

-searching for better half.

"दर्द"

हां बहुत दर्द सहा है हमने।

"माफ"

आरे ये तो हर बार कर दिया हमने।

-pain and forgiveness story of my life.

सराब का नशा भी फिका लगे तेरे नशा के आगे।

और हमें ये नशे में उम्रभर रहना चाहेंगे।

-I feel lost myself in you.

ऐ मेरी बच्ची थोड़ा संभल लेना,

अंशु आए तो थोड़ा रो लेना,

मन हल्का हो जाएगा।

क्यूं की रूलाने वाले तो बहुत मिल जायेंगे

पर हसाने वाले बहुत कम मिलेंगे।

-I can't see you with tears.

केसा वफ़ा है आपका।

मन भर आया तो क्या,

हमसे रिश्ता तोड़ देंगे।

कोई और पसंद आया तो क्या,

हमें दिया हुआ वादा भी तोड़ देंगे।

वाह!!! केसा वफ़ा है आपका।

-a betrayal story.

कभी-कभी तकलीफ भी सुकून देती है।

-after sometime you enjoy the pain.

हम किसीको पसंद आ जाए

ये तो आम बात है,

हमें कोई पसंद आ जाए

ये खास बात है।

-special person rule.

कोई पास आ रहा है,

ये दिल घबरा रहा है..

कहीं दोबारा,

प्यार तो नहीं हो रहा है???

-afraid to being loved.

हम अंशु भी बांट लेंगे

अगर आप हमें अपना मान लेंगे।

-own people know me well.

प्यार कभी अधूरा या पूरा नहीं होता,

बस निभाना जरूरी होता है।

जो निभा लिया, वो प्यार में रहा।

जो निभा नहीं पाया, वो बिछड़ गया।

-love is the thing, which need real not perfect.

हमारी खूबसुरती से घायल तो बहुत लोग हुए होंगे,

पर हमें बताने और सताने बहुत कम लोग आए हैं।

-a truth.

जो रिश्ता जीतना जल्दी सुरु होता है,

वो रिश्ता उतनी जल्दी खत्म भी हो जाता है।

-things happening in a specific process.

कभी भी ये कोशिश ना करना

जिस्का हर कोई होता है उसका होना,

कोशिश करना जिन्का कोई ना हो

उनका सब कुछ होना।

फिर देखना, सुकुन सी देती है ज़िंदगी।

-kindness makes you satisfied.

छोटी सी तो जिंदगी है।

उसमें भी कसमें, वादे लेके कहां जायेंगे।

हर पल को जिओ जेसे हर पल खास हो,

हर एक दिन जिओ जिसे आखरी दिन हो,

इतना कुछ खास पल और खास रिस्ते बनालो,

की मारने का भी ग़म ना हो।

-make memories to live long in other's thought.

अब रोना भी सुकून सा लगता है,

दिल का दर्द पानी में जो बह जाता है।

-tears give you relief from pain.

सायाद रिश्तेदारी में उम्मीदें सपनों से ज्यादा हो गये थे,

इसीलिए हमारे रिश्ते पूरा होने से पहले ही बिखर गये ।

-reason behind the relationship break down.

निहता दिल पे बार करके,

चले गये आप हमे तड़पा के,

प्यार से एक बार बस बोल देते

आपको जाना है दूर हमसे,

हम खुसी खूसी जाने देते।

-a painfull story of love.

बदल गया है बक्त और बदल गये हो तुम,

अब कोई नहीं बुलाता जैसे बुलाते थे तुम,

अब कोई नहीं सुलाता जैसे सुलाया करते थे तुम,

हो गया है रात और हमने खो दिया है तुम्हें ।

-I lost you.

अपने लोग तो बहुत हैं

पर पास कोई नहीं है ।

बस यही तकलीफ है हमें ।

-missing ownpeople is painful.

हमनें अंशु के अन्दर से मुस्कुराना सीखा है,

ये हालत क्या बिगाड़ेगा हमारा

हमनें ज़िन्दगी के हर हालतों को हंसकर गुज़ारा है।

-maturity

ओर दो पल ज़रा ठहर जाते

दो पल ज़रा साथ निभा जाते।

पिता नहीं चला क्या तकलीफ़ था हमसे,

बिना कुछ बात के हमें बर्बाद करके चले गए,

क्या गलती था हमारा थोड़ा बता जाते।

-left me like a coward.

ऐसे तो हम जल्दी पिघलते नहीं

पर हम जब आप से रूबरू हुए

आपका चांद सा हसिन चेहरा,

काली नशीली आंखों,

रेहम सी घने जुल्फें देखकर

हम पिघल गये।

-I melt for you.

एक कहानी उसकी और मेरी।

जब मैं मुस्कुराती हूँ तो वो भी मुस्कुराता हूँ।

जब मैं टूट जाता हूं,

तो वो मुझे हकीकत दिखाता है।

दूसरों से ज्यादा खुद से प्यार करना सिखाया।

जनाब!! मैं आईने की बात कर रहा हूं,

किसी इंसान की नहीं।

-story of my mirror and myself.

हमने प्यार के गलियारों में

आना-जाना छोड़ दिया था।

फिर न जाने क्यों

तेरे पास आकर दिल को सुकून मिलने लगा

और दिल के दर्द पर मरहम लगने लगा।

क्या यही प्यार है ?

-is this love?

ये दोस्ती है,

प्यार है, या कुछ और पता नहीं,

लेकिन जो आप से है वो किसी और से नहीं है।

-you are special.

आंखों से तेरा चेहरा हटा दिया है,

दिल पर तेरी आँखों का ख़ूबसूरती छाया है।

मन कहता है,"मैं तुमसे नफरत करता हूँ।"

दिल आज भी केहता है, "प्यार है तुमसे।"

-confused feeling hurt me.

कितना खुशनसीब होगा वो आईना

जिसमें आप खुद को संवारते होंगे।

और एक हम बदनसीब हैं कि

आपसे बात करना भी नसीब नहीं।

-you are beautiful than anythings.

कैसे भरोसा करूं किसी ओर पर,

याह पर तो सब चेहरे का धोखा है।

ज़िन्दगी भर साथ देने वालों को भी

एक पल में बदलते देखा है।

-fake face people exists everywhere.

याद ना करने की कोशिश में याद करता रेहता हुं तुम्हें,

आज इतने दीनो से विछड़ने के बाद भी मरता हूं तुमपे।

-I can't forget you.

जब ज़ख्म ज़्यादा हो जाए

तो महबूब को भी बता देना,

"अब तुमसे ना हो पायेगा बेटा

हम एकेले ही सही है।"

-lonliness better than painful relation.

चाहत होती तो

सावल नहीं करतें,

प्यार क्या होता है जानतें तो

हमें यूं बेवफा नहीं बोलते।

-I hate fake emotion.

जब कभी एक बेवफ़ा

बेवफ़ाई को अंजाम देता है,

तो दिल टुटने की आवाज़ से

रूह भी कांप जाती है।

-sound of broken heart breaks your soul.

दुख है तो साथ रोएंगे,

खुशी है तो साथ मस्कुराएंगे,

पर एक दूसरे को कभी अकेला नहीं होने देंगे।

-relationship goal.

वो भी क्या दिन थे,

लम्बे बालो वाला एक लड़का आया था,

छोटे से शहर से अपना नाम कमाने आया था।

मैच खत्म करना सबको सिखाया था,

सिक्स मार के वर्ल्डकप जीताया था।

सब आईसीसी ट्रॉफी अपने घर लाया था,

हेलिकॉप्टर शॉट मारना दुनिया को सिखाया था।

टीम को साथ चलना सिखाया था,

हार ने वाले मैच को भी जिताया था।

07 नंबर की जर्सी पहनकर वो आया था,

विकेट के पिछे गेम बदल के रख देता था।

अन्होनी को होनी करने वो आता था,

बोल देना सबको, अपना माही आया था।

-Mahi an inspirational legend.

वो स्त्री है वो कुछ भी कर शक्ति है।

बंधे पांउ हो कर भी आसमान की उड़ान देखती है।

हिम्मत हार कर भी हिम्मत जुटाना सबको सिखाती है।

आंसुओं के अन्दर से प्यारी सी मुस्कान देके घर को संभालती है।

खुद से ज्यादा घर वालों का ख़्याल रखती है।

खुद को बाद मैं घर की इज़्ज़त पहले बचाती है।

वो स्त्री है वो कुछ भी कर शक्ति है।

-survive as a woman is tough.

खुदा को जब एक प्यारी चीज बनानी थी,

उसने एक बेटी, एक बहन और एक माँ बना दी।

जिनकी एक झलक से दुनिया बदल जाती हैं,

जिनकी एक दुआ से क़िस्मत पलट जाती है,

जिनकी प्यार के ये दुनिया कर्जदार है।

शायद ये नहीं होते तो दुनिया ही नहीं होती।

-girls are special gift from god.

एक औरत होना आसान नहीं है।

बच्चों से लेकर पति मां बाप

सबकी जिम्मेदारी खुद ही उठाती है।

बच्चों का ख्याल रखना,

बच्चों का नखरे झेलना,

बच्चों को प्यार करना।

पति का ख्याल रखना,

पति का साहारा बन ना,

पति को बेइंतेहा मोहब्बत करना,

हर बार पति के साथ खड़ा रहना।

माँ बाप का ख्याल रखना,

माँ बाप को अपने माँ बाप जैसा प्यार देना,

माँ बाप की बातों को सर आँखों पर रखना।

इतने सब के बाद घर का ख़्याल रखना,

घर की हालत हर बार ठीक रखना,

रसोई और घर की हर काम करना,

अखिर में आता है खुद का खुद के लिए ज़िम्मेदारी,

जो कभी फ़ुर्सत मिले तो कर लेते हैं,

नहीं तो खुद की हलत भूल जाती है।

औरतो ऐसी ही है औरत होना कहां आसान है।

-it's tough to be a woman.

आसान है क्या...

खुद से पहले घर की इज्जत बचाना।

आसन है क्या...

बेरेहम दुनिया में खुद को काबील बना कर दिखाना।

आसान है क्या...

उम्मीद भरे ईश दुनिया में उम्मीद से बढ़ कर कुछ करके दिखाना।

आसन है क्या...

हर बार ना चाहतें हुए भी खुद को सबित करना।

आसान है क्या...

एक लड़की हो कर लड़कों के साथ खड़ा होना।

आसन है क्या...

एक लड़की होने की कमजोरी को छोड़ ताकतवर बन ना।

-it's not easy to survive as a woman.

वो लड़की है।

वो कमजोर है।

वो घर की इज्ज़त है।

वो ज़्यादा बोल नहीं सकती।

वो गुस्सा नहीं कर सकती।

वो लडका जेसी नहीं हो सकती।

वो ज़्यादा पढ़ कर क्या करेगी।

वो मुह पे ज़वाब नहीं दे सकती।

वो तो बस घर का काम करेगी।

वो मनमानी करे तो अच्छा नहीं।

वो अपनी मर्यादा कभी भूल नहीं सकती।

वो लड़की है।

-Girl's life story.

मोहब्बत तो अभी भी है आपसे।

पर ना कल केह पाए थे,

ना आज केह पा रहे हैं।

ना ही कोई और के साथ

आप को देख पा रहे हैं।

-don't live without you.

महोब्बत है केसे बताते

हमने आपको किसी और के साथ देखा है,

उसके बाद भी केसे बताते,

की हमें प्यार हैं आपसे।

-it's my fault to let you go.

रोना तो आज भी आ रहा है

वजह तेरी यादें नहीं

वजह मेरा ख़ुदको खोना है।

ना संभल पा रहे हैं

ना खुदको ढुंढ पा रहे हैं।

अब बस अच्छे दिन की इंतेज़ार हैं।

-Lesson from love.

हम जिनके लिए आवारा थे हम आवारा ही रहेंगे,

हम जिनके लिए अच्छे हैं हम अच्छे ही रहेंगे।

क्या करें जनाब !! हमारा फितरत ही एसी है,

हम बदलते लोगो के हिसाब से खुद को नहीं बदलते।

हम बस हम हैं।

-I have only me.

एक वो दिन था

जब हम महोब्बत के लिए

खुदको खुशनासिब मानते थे।

और एक आज का दिन है

जब हम महोब्बत के लिए

सरमन्दगी महसूस करते हैं।

-my love story is a bad story.

नया सबेरा उम्मीद लाया है।

बहुत सारी मुश्किलों के बाद

यहां खुशी की सबेरा साथ आया है।

मेरा देश आगे बढ़ रहा है

कोरोना के उपर हमारा जीत हुआ है।

-fight with corona.

ज़िंदगी के सफर में

हमसफ़र सा कोई ना था।

तुमसे जो रोबरू हुए हम,

ज़िन्दगी को जीना आ गया,

ये सफ़र सुहाना सा लगने लगा,

दिल को कोई दिलबर मिल गया,

और सफ़र के राह में हमे आप सा हमसफ़र मिल गया ।

-love at first sight.

पेहली नज़र में प्यार ये वस हमने सूना था,

पर आपसे मुतासिर जो हुए यकिन आ गया।

क्या बयां करूं उस पल का,

जहां आपके हर ऐक अदाओं के हम दीवानें बन गऐ

और हम अपना दिल हार वैठे।

-I lost my heart at first sight of your.

अभी तो इश्क का बुखार चढ़ा है,

अब उसमें डुबने का मजा लो।

जरा ज़ख्म का, जरा मरहम का तयारी कर लो

अब ये इश्क में ही मर जाने का इरादा कर लो।

-want to die in love.

तेरी हर अदाओं का मारा हूं में,

तेरी हर लब्जों का तरफदार हूं मैं,

तेरी हर बात का दीवाना हूं में,

तेरी हर मुस्कान का कर्जदार हूं में,

तेरी ही आशिक हुं मैं।

-baby I'm your crazy lover.

ये उम्र जवान है,

ओर ये दिल मचलता रेहता है।

मैं खुद के दिल की क्या बात करूं,

खुदकी ख़ूबसूरती का क्या तारिफ करूँ,

आप खुदके दिल में हमको उतरके देख लिजिए।

-give me some love.

मोहब्बत करके देख ली है

और जान भी लिया है कि

किमती चिज़ ख़रीदने से ज़्यादा

उससे सम्भलना मुश्किल होता है।

-love is a precious emotion.

दुनियां सब देखेगी,

दुनिया बहुत कुछ बोलेगी,

तुझे पागल भी समझेगी।

पर तू हिम्मत मत हारना,

खुद के उपर विश्वास रखना,

और सारा जहां को अपना कर लेना।

-whole world is yours.

समन्दर के अंदर से सूरज को निकलते देखा है।

नालायक इंसान को भी कमियाब होते देखा है।

ये सब बक्त बक्त की कहानी है,

बस बक्त के साथ चलते रहना है,

हर खुशियां हमारे कदमों में होंगा।

-Time story.

एक ही तो जिंदगी है

उसमे भी खुद को खुद के काबील ना बना पाए,

तो क्या ज़िंदगी ज़िया।

हां माना के सपने बड़े होते हैं

कभी कभी टुट भी जाते हैं।

पर सपने पाने की कोसिस में

जीतना कुछ मिल रहा है

वो भी तो सपने से कम नहीं है।

-prove yourself.

कुछ बीता हुआ कल से सिख लेंगे,

कुछ आने वाला कल के आस में,

दुनिया को अभी के पल में जी के,

पुरा जिंदगी को हर पल मैं जी लेंगे।

-*enjoy every moment.*

कॉलेज के दिनों का किस्सा बयान करुं

थोड़ा सा समझा रहा हूं, थोड़ा समझ लेना।

हमारी सुबाह में रात और शाम में सुबाह होती थी।

मोबाइल गेम्स और लैपटॉप गेम्स में हमारी जान बस्ती थी।

किताबों से ज्यादा हम फिल्मों के कहानियां रट्टा करते थे।

पढाई से ज्यादा मस्ती का माहौल बनाया करते थे।

ऐसे ही थे हमारे कॉलेज के दिन।

-*collage days.*

याद आती है,

कॉलेज की मस्ती।

कॉलेज के सोते हुए दिन और जागती हुई रातें,

रात के तीन बजे मैगी और कॉफ़ी बनाना।

बिरयानी के दिन कैंटीन के लाईन में पहले खड़े होना।

दिवाली के दिन पुरा हॉस्टेल चमका देना।

होली के दिन भांग के रंग में खो जाना।

याद आते हैं, वो कॉलेज के दिन।

-*Collage memories.*

दौर हमारे कॉलेज का था,

बंदे पढ़ने कम अटेंडेंस लगवाने जाते थे।

सुभे की कटिंग चाय दोस्तों के साथ,

शाम की मलाई कॉफ़ी यारों के साथ,

कब बक्त गुज़र जाता था पता नहीं चलता था।

बक्त गुजरते गए दिन गुजरते गए,

साल गुजरते गए, पर साले दोस्त अभी भी है।

पर वो दौर हमारे कॉलेज का था,

जो याद रहेगा।

-*Collage time.*

बक्त बक्त की बातें हैं,

कोई आएगा तो कोइ जाएगा।

इसमें हीरान होने की बात नहीं।

हम बस थोड़ी देर के लिए ख़ास थें

फिर कोई ओर खास बन गया।

-Its fact.

जब ज़ख़्म देने की बारी आई,

आपनो ने सबसे ज्यादा दर्द दिया।

क्या बताएं तकलीफें हमारी,

हमने प्यार करके ख़ुद को मुर्दा पाया है।

-it's my fault.

ज़िंदगी की समन्दर में,

तैरना भी है और जिंदा रहना भी।

ये कोई मज़ाक की बात नहीं,

ज़रा सी बेपरवाही ज़िंदगी खत्म कर सकती है।

-Life like an ocean.

भटकता मुसाफिर सा था ज़िन्दगी हमारा।

आप से नजरें मिली तो दिल मचलने लगा,

हर पल आप के साथ बिताने को मन करने लगा,

उम्रभर आपके हाथ थामने को दिल करने लगा,

और हमें ज़िन्दगी जीने में मजा आने लगा।

-love to get you.

जितना मोहब्बत किया था हमने,

बहत था हमारे लिए।

आगे भी मोहब्बत करेंगे,

पर जरूरत के हिसाब से।

-diplomatic love is required for the diplomatic world.

इश्क़ ऐसी एक सज़ा है।

जो मज़ा भी देती है,

जान भी लेती है।

-love is beautiful.

दिल दुखना तो आदत सा हो गया है,

कभी अपनों ने दिल दुखाया है,

तो कभी परायों ने इस्तेमाल किया है।

-now hurting is a habit for me.

हर दफा हर क़िस्सा मोहब्बत का,

हमने नया तारिके से बयां किया है।

फिर भी तुम्हें कमी लगें हर किस्से में।

तो छोड़ो जानें भी दो।

हमारे चाहने वाले और भी हैं,

उनके लिए हमारे दिल में जगह ख़ाली करो।

-when efforts not count then simply move on.

मैं ख़ुद को आप में खो देता हूं,

हर बार जब आपको देखता हूं,

हर बार आपको महसूस करता हूं।

-I'm feeling lost on you.

ऐ जानी !!   चली जा तू।

मेरी यादों से भी, मेरी नज़रों से भी।

मेरा क्या हैं कल परसों मर जाऊंगा,

पर तेरी तो ज़िन्दगी पड़ी है, चली जा तू।।

-left me for your better tomorrow.

ये उलझनें भी केसी उलझन है,

उलझन से निकलना चाहूं तो उलझता जा रहा हूं।

क्या करूं बता ऐ जिन्दगी, क्या मैं जीना छोड़ दूं।

-when life is complicated.

हम तो बुरा हो गए

अब हम से आपका क्या काम।

तो हम छोड़ दिए वो गलियां

जाहां आपको हमसे दिक्कत हुआ था।

-I don't want be bad any more.

तेरी जिस्म के गर्मी से

खुद की सांसों को तपते देखा हैं।

तेरी हर लचक सी अदाओं में

खुद को तेरे प्यार में पाया है।

ऐसी तेरी खुमार है।

-you crushed me.

हर बार दिल लेके जा रही हो

कभी कभी हाल भी पुंछ लिया करो

अच्छा लगेगा हमें।

-a wish to you.

ज़िन्दा वो हैं,

ज़िन्दा हम भी हैं।

बस चाहत जीने की,

किसी में कम तो किसी में ज़्यादा है।

-life is different for different people.

हमारे लिए तो, वो हमारे जान थे।

पर उनके लिए तो, हम बस दो पल के मेहमान थे।

-everyone's priority matter.

इंतजार का इंतजार हम क्यूं करें,

जबकि आप किसी ओर के इंतज़ार में हैं।

-waiting for a valid outcome.

लिखना क्या है;

दिल की बातें ही तो हैं।

-all writings are words of heart.

जब कभी किसी को प्यार में देखता हूं,

तो खुद ही ख़ुद प्यार के लिएं तरास्ता हूं।

-looking for love badly.

खुदा ने;

इंसान को इंसान बनाने के लिए दिल बनाया।

-heart makes us human.

तेरी हुस्न का दीवाना हूं मैं,

अपनी जान तेरे ही नाम करुं मैं।

-I'm falling in love with you.

प्यार तो हम हक़ से कर लेते हैं।

फिर प्यार में नाम बदनाम होने लगे,

तो हम बेवजा गुनेहगार भी हो गय।

ये केसा इंसाफ़ हैं, खुदा।

-love criminal.

कभी कभी आपने लोग अपनों से ज़्यादा अच्छे होते हैं।

क्यूंकि वो समझते हैं और समझाते भी हैं।

-ownpeople always stands for us.

शब्दों की शक्ति हर चीज से परे है।

अगर आपके पास ये शक्ति हैं तो रख लें।

एक शब्द किसी की भी दुनिया बदल सकती हैं।

-a word can change your world.

जिंदा तो हर कोई होता है,

जब तक कोई किसीको धोखा ना दे दे।

-betrayal kills you.

ख़ुदा उसे सलामत रखना,

छोटी सी नन्हीं सी गुड़िया है मेरा,

प्यारी सी नादान सी जान है मेरा,

कहीं बेपरवाही में ख़ुद को खो ना दे।

ख़ुद को साबित करने की चाहत में टूट ना जाए।

ख़ुदा ख़्याल रखना उसका,

छोटी सी नन्ही सी गुड़िया है मेरा,

प्यारी सी नादान सी जान है मेरा।

बहुत सारी प्यार तेरे लिए मेरी बच्ची।

-love for little heart.

हे बंशीधारी तेरी महिमा..

तेरी रूप का क्या गुण गान करूँ।

मैं तो तेरी भक्ति ओर प्रीत मैं..

खुद को ही खो ना चाहूं।

ऐसे ही तेरा नाम उम्रभर जपता जाऊं...

-pray to Lord Krishna.

बक्त बक्त की बात है,

ये बक्त बक्त की तलाश है।

किसीको आज मंज़िल मिलीं है,

तो किसीको कल मंज़िल नसीब होगी।

-success is sure but time will be changed.

ज़िन्दगी किस्सों की कहानी है,

किस्सा बनाते जाओ कहानी लिखते जाओ।

-life is full of stories.

ENGLISH POETRIES

I'm jealous of them,

Who want to own you.

-for you.

Negative thoughts are like needles.

It pins your self-confidence then all over.

-avoid negative thoughts.

Sometimes life is so cruel for us.

When you spend quality time.

Life turns the whole situation against you.

-it's life.

Life what does to us never predictable.

Life is simple as going to sleep.

Life is tough as spend time in loneliness.

-life is not same always.

Peaceful life is a mystery.

We search for peace for whole life.

And life teaches us to learn more to survive more.

Life in every stages is a mystery.

-life with mystery is intresting.

Anytime anywhere, no-one there for you.

So be careful, take rest and continue life.

-self strength motivate you.

People who wants to be with you.

Will always be there with you.

No matter what.

-ownpeople never left.

You want to heal but sometime

Your own thoughts kill you.

-every thought matter to build life.

True love hurts

When it starts hurting you

It will destroy you badly.

-love can destroy you.

When you take something for granted.

Then you start undervalued things easily.

-that's the mistake.

When someone hits your self-respect,

It's your duty to ignore and make them feel jealous.

-nothing more value than self-respect.

Simplicity is tough to maintain.

Simplicity having its own limitations.

Rule and process to maintain simplicity.

It's look easy to maintain,

But the one who do is knowing the real value.

-simplicity is tough.

You are the shine of my darkness.

In the darkest night of my sadness

Everytime I got you there

To help me, to love me,

To heal my wound.

That's not than a blessing for me.

You are the ahine of my darkness.

-you are the one for me.

Time will come and go.

You believe in yourself and the process of God.

-God give you more than you wish.

When efforts not calculate,

It's start hurting.

Behind every effort,

There are so much intrest, so much love,

So much kindness, so much value.

When they are not in calculation.

It's all feel like a waste effort.

-every efforts matter.

-Hy-

I met you.

You were broken that time.

I felt about you and helped you.

You had forgotten to smile.

Then, you told, I'm the reason of ur smile.

I touched with that line.

I wanted you to be mine.

I got you.

I tried every single moment to keep your smile on.

You realized me, I failed to do that.

You got another one.

I got ignored, rejected, a bad option.

You want to go.

I, let you to go.

-Bye-

-story of you and me.

Sometimes what we see is not real.

Sometimes what we don't see is magic.

-love is magic.

Overthinker never be a good achiever.

Overthinking makes you confused and doubtful.

One thought and focus on that on thought makes you a good achiever.

-overthinking is not good.

Silence teaches me everything

-a clear thought, a good decision easy to found in silence.

I lost you entirety.

I lost you from my life.

I lost you from my mind.

I lost you from my heart.

I lost you from my socials.

 I lost you from my memory.

I lost you from my thoughts.

-I lost you.

Everytime I think about you

I fall in love with you,

I lost myself in you,

I dip into your eyes,

I got my happiness,

I enjoy my world,

I feel blessed,

Everytime I see you.

-you are everything for me.

No-one is yours,

Until they don't need you.

-they need right person for right work, it's world.

I'll never leave you

Never ever.

We are bestie forever.

Forever and ever.

-bestie things.

Someone is forever mine,

That's you, my love.

-love you darling.

Question. What's the real satisfaction for you?

Answer. An evening walk with bae, tea/ coffee, enjoy street food and endless talk.

-bae things.

Hope for best tomorrow.

Hope for better luck next timr.

Hope for good at next step.

Hope for better life.

Hope for survive is easy.

Hope for true love.

Hope for found real things.

Hope for next time it will be great.

-hope is the biggest lie to move on.

Small efforts make special moments.

Small mistakes make heart breaking moment.

-value every single effort and do it proper way.

Always ignore the expectations.

Otherwise it ignores your happiness.

-zero expectation for happy life.

Never trolls anyone's tears.

Otherwise when it found a way back to you.

It's makes your life, like as hell.

-tears are real always.

As we celebrate birthday every year.

We also cross our deathday every year.

-a horrer fact.

Love knew what you really need.

Care heals you mentally and physically.

Stupidity converts your sad tears to happy tears.

-love, care and stupidity; I believe in those for happy life.

Love is when you give someone powerto destroy you,

While at the same time trusting them that they will not use it.

-love.

Everytime I look at keyboard,

I see that U and I are always together.

-U and I forever.

Life always surprise you.

Sometime it's so kind and gift you.

Sometime it's so cruel and break you into million pieces.

At every stages of it different challenges are there.

More you experience more you explore.

I'm excited for it.

-life is a beautiful journey to explore more.

Beauty never define by your skin colour,

Your face cutting, your make-up,

Your body shape and your dressing.

The real happiness

The real smile

The real feeling

The real humanity

Makes us more beautiful.

-we all are beautiful souls.

A loner never failed to move on.

Because he already knows,

How to get over from difficulties.

-loner put the step on with so much intelligence and smart move,

Which having less chances to fail.

Sometime every relationship needs to refresh,

Otherwise it fades away with the time.

-refreshing is more important for maintain it long.

Perhaps our feelings are in running handwriting.

Everyone claims to read, none understand.

-showing fake.

Tears out, when you are in extreme pain.

Tears out, when you are in extreme happiness.

-tear's story.

She holds my arms like it's everything for her being my peace.

-I'm everything for her.

Whenever you get a chance

Be a joker in someone's life.

You take care of their smiles

And god will take of yours.

-be a joker.

Imperfections are beautiful

Imperfections are real

Imperfections are trueness

Perfection are good to show off

Perfection are mostly fake

Perfection are mostly hurts someday.

Imperfections don't need to maintained

And perfection always need to maintain.

Choice is yours what you really want to be.

-perfection vs imperfection.

Trust me...

No one cares.

Really!!! No one cares.

No on can understand

So, you just do your things,

What you really want to do.

Let all whispering about your success.

-selfcare is must important.

Voice of a heavy heart,

Pain of a broken heart,

Tears of a boy,

Never lies.

-fact.

You win

They do gossip,

You lose

They do gossip,

It's our SOCIETY.

So let them noisy.

We win to stay steady.

-gossips doesn't matter.

Small meet causes increase

In missing someone.

-I feel it.

Erasing negatives to stay positive.

Life is the journey with positive hopes.

-erasing is good.

The best feeling moment of the life,

Is the most hurting moment to remember it as memories.

Love is the power to heal you rapidly also break you easily.

-truthness.

I feel myself mesmerizing in you,

Every time I see you, feel you.

-you are everything for me.

Sensual touches of two lips.

Tight hug of two hands.

Sharing of deep breaths.

Want to disappear in that moment.

Is it the sign of deep love?

-deep in love feeling.

Believe is blind.

Experience is real.

-have you ever felt it?

When two stars shining to complement each other.

The sky became sparkling top hold them together.

-story of stars.

Please leave the group,

Whenever you feel worthless.

-the group makes you worthless.

Love will be pure and real.

Adjustment and compromised love ruin your life.

-love story.

My heart's out to my hand,

Whenever I try to writing something.

-my writing story.

CHAPTER 11

Life Lessons

VALUABLE LIFE LESSONS

(My learning from my life experience)

Topic: Life and expectation role in life.

Life is all about enjoying the process with ups n downs. Life at our ups we expect that we deserve something best and at the down we expect that it will be better tomorrow. Expectation is the key roles for happiness. High expectations cause high thoughts of you getting something you deserve and then when you get it will nothing but a just an achievement. At the same patch of the life if you don't expect anything that give you anything you take it as special achievement. I swear the special feeling after high expectation is much joyful at the zero expectation situations. Also zero expectation gives you something every time that you enjoy regularly. At high expectation we are limited to a specific achievement and ignore little achievement and happiness. Better to be in zero expectation side. We are human so there is always an expectation so keep it but not fully depend on it. Zero expectation is the key of life to see the little happiness in every situation.

Topic: Love is unconditional.

Love is unconditional but relationships have conditions. Love is unconditional which gives you full authorization of you own. The way you love may be the next person understands it or it's fully upon your one side love scenario. In relationship two soul decided to be get together, sharing things, work on each other's weakness to be strong bonding and well connect to each effort that make relationship chemistry better. Conditions having for a relationship is to be take next person in to your priority list, when someone feel low there always be another one to help you and there is sometimes where a third person entry confused your relation is avoidable for not ruined the relationship. Basically love is individual emotion but relationships have mutual understanding, mutual care, mutual love, sharing of happiness n sorrow. So take care of it and enjoy the love life. It's not that easy to read here. There always your love, emotion, feelings, understanding and life affected by each effort. I just wish you a better life. All is up to you how you handle it and experience it.

Topic: Life.

Life is things that full of mysteries and adventures. Life has limitless decisions, opposite situations and unexpected results. Life gives you things that you don't expect. Life also gives you what expect but you pay for it or after work for it hard. Life is the things which change in one motivational quote, one inspired thought, one beautiful song, and passion. Most important thing of life is how you adopt yourself to every stages of it; it's making sense to how you enjoy it or just survive it. Always it gives you what you really deserve. After all there is the acceptance after a bad day and after a beautiful day. Sometimes the adoptability with situation and the acceptance of life to your thinking take time, which worth it for a better tomorrow. Wish you all luck and happiness for a memorable life.

Topic: One side love is a lesson.

One side love as a bad experience hurts you entirely. One sided love is a negative thought for destroy yourself. One sided love is no way beautiful. It hurts you for not being love. It's full of pain. You know the next person doesn't love you. He / she don't give a damn about your feelings and emotions. Here only you are spending yourself in pain. Every time you think about it you losing yourself bit by bit. Till someone hold your hand and say you are mine.

One sided love as a joyful journey makes your life full of dreams. One sided love is full of beautiful moments and emotions. You don't know, the next person loves you or not. His / her little things make you feel for them. Small moments like; he/ she see you, tease you and want to flirt with you. All relate moment between you and them is an amazing memory for you. Only you have the controls to how much you love or enjoy the moment with them. You'll always find yourself in all situation of loving him / her; which make your life full of love. Till you see them enjoying another companion and you start hurting. So, be careful of hurting yourself. Take care.

Topic: Winner or loser your choice.

Winner thought of one goal and stick in to it. Loser surrounding with so much suggestions and thoughts; which makes the real life confusion for survival. Winners think about the work plan and doing it. Losers think about the work plan and waiting for a right time to do it. So, no time is the right time. When, you got the idea then start working on it and let the result to showing your achievements or experience. You are the winner you are the loser; by your choice.

Topic: Silence.

Silence is better than unnecessary talk. Sometimes it's the maturity to be involved in unnecessary talk by silence. Silence teaches you to control your action. Silence present in your simplicity personality. Silence makes your surround thinking about you and your choice of interest. In silence you better judge the situation and handle with perfection. Silence makes you a good listener of valuable and useful talk. Silence in every situation is makes you mature. Sometimes you have to break your own silence and speak to lead the situation. So, think of it. You can use silence as a weapon or as a good partner. Keep silence when situation is under control.

Topic: Loneliness.

Loneliness is a part of your privacy life. Don't take it as a negative time to handle or a depressed situation. It's ok to be alone; it's ok to be apart from crowd. It's the amazing moment to spend with your own. The most innovative, creative and must important unique ideas create from this time. Loneliness is the quality time to know about real you. It's the time learn about yourself and develop yourself. Self love most important thing for live and enjoy the life. Love hurts but self-love motivates. Loneliness gives you the focus for your goal and work on your own weakness. So, don't ignore it take it as a guidance. We are all going through this situation in our life. It's okay to be not okay.

Topic: Confidence in relationship.

Confidence in relationship matter the most for a long journey. All effort, love, believe, understanding and care makes relationship more fruitful. That confidence comes of all effort shows to your partner. It's a chain, any part of chain break the relationship goes for broke up. You have to handle it with care. Those give you the boost and courage to long go with relationship. So be careful. Wish you a happy relationship life.

Topic: Love for everyone.

Love is everything and everywhere. Love someone is free for you. Never step back to spreading love. It's a beautiful satisfaction for your soul. Love is the relationship between human and nature, human and human, nature and animal, human and animal, etc. Love is defined as self love, nature love, animal love, couple love and parents love. Always ready to love and be lovable. Here we have to decide be the part of the love relationship or being alone with broken dreams. Love is the thing that makes your life easier to survive. It's the energy source for make life beautiful. In love you got all the freedom to spread happiness.

Topic: Situations of life.

Life is all about situations. Sometimes it's all in your fever and sometimes it's different. So be patient and handle carefully the situation. Make all situations in controlled emotions and experience the entire situation. Deal with one by one situation you go to a stage where situations are like just another day of life. Every day is different. Successfully deal the life and it will lead you to your destiny.

Topic: Finding life in every possible way.

Life as a journey, full of achievements, full of small goals, full of hurts, full of unexpected happiness, full of small big moments. Life as a book, every day is a page to remember. Life as a tree; how you plant it, define the growth of it. Life as a chapter, it is full of beautiful chapters. As a reader some chapter are boring, some are interesting, some are peaceful, but all are teaching you the life lessons. So let that chapter to end when it really ends and move on to next chapter. Life has its own achievement and experiences so go through the process. Life is the beautiful and priceless journey to be continuing to the last breath. All in one life, so always there to enjoy the moment, never quit.

Topic: Family out of family.

Life as human is not that easy. You have to socialize. You have to accept the crowd, also accept the selfishness at same time. In between the crowd there is some people come to you for just get in contact, just stand for you, love you and sharing a part of their life with you. They are gets into you out of the family, out of the blood relationship and put a special place in your life. Sometimes they feel you lucky to have them. Family out of family is a special gift of life. They may not be changing your life a lot but they always feel you their presence. Sometimes they fulfill the empty part of your family. For me that's a blessing.

Topic: Fake is a lie.

Fake presence of anything is dangerous. Life has fake peoples. Relationship has fake emotions. Friendship has fake friends. Love having fake love, fake promises. Social media activities full of fakeness. They want you to influence anyhow. Look around people with fake status maintain. Poor want to richer, richer want to rich. In the competition there is the only things rule over is fakeness. For a good life and permanent happiness, you have to be fake for fake people (social media account) and real for real people. Fake is a lie and you have to accept it not keep it.

Topic: Getting over it.

Biggest lesson for getting over it is move on from the present situation. Want to move on, don't wait just moved on. There is no second option. Otherwise it will ruin your life easily. Sometimes chapters of our book end but we want to read some extra line. It's not possible. So, let the previous chapter end, start a new chapter with new motivation, energy and passion. Getting over it depend on your surround people, your maturity and your courage to get a better life.

Topic: Dead end emotion.

Dead end is a feeling. Feeling like nothing left. It's feeling so tough to suffer, when it over at the other side a new world begins. At the dead end emotion, you feel like hell, being alone, aside and rejected. Which take you to a world of finish everything in one step? At that time, you got the answer of finish yourself or doing suicide. It's a hard feeling to control. Please have patience in this time and take care yourself. May be for this situation your life worthless for you, but you are special for someone. Never forget it.

Topic: जिंदगी कभी आसान नहीं होती।

जिंदगी कभी आसान नहीं होती। हर पल को आपने हिसाब से जिना पड़ता है। कभी कोई छुट गया तो उसके ग़म को सेहना है तो कोई नया आया तो उसके साथ बक्त बिताना भी है। खुद को हर एक पल की जंग के लिए तयार करना है। जिंदगी के साथ आगे बढ़ने से कुछ पल में तुम्हारा जीत होगा तो कुछ पल में तुम्हारा हार होगा। जीत में खुशी और हार में सिख लेके जिंदगी को बेहतर करने की हर कामियाब और नाकामियाब कोसिस करते रहना होगा। क्यूं की अब जो पल है वो अगले ही पल बीता हुआ पल में बदल जाएगा। जिंदगी कभी आसान नहीं होती।

हां, अगर कोई साथ दे तो कुछ पल के लिए दिल का बोझ हल्का हो जाता है। ज़िंदगी जीना आसान लगने लगता है। फ़िर भी हर पल के लिए एक साथ जीने के लिए लढ़ना पड़ता है। कोई कामजोर पाए तो कोई ताकतवर हो जाता है। कभी किसी को लगता है की वो ज्यादा कर रहा है। कोई जिंदगी आसान होने के चक्कर में साथी को ही खो देता है। और हम कहेंगे जिंदगी कभी आसन नहीं होती।

जिंदगी बहुत कुछ दिखाती है, जिंदगी बहुत कुछ सिखाती भी है। कोई टूट जाता है तो कोई सम्भल जाता है। जिंदगी के हर मोड़ पर खुद का इम्तेहान खुद से ही होता है।

.

इतने सब के बाद भी जिंदगी बहुत सही चिज़ है। जहां हम मामा-बाबा से मिलते हैं, जहां कुछ भाई-बहन, बेटा-बेटी, पति-पत्नि और दोस्ती-यारी जैसे रिश्ते हैं, जो साथ-साथ चलने के लिए हर पल तयार रहते हैं। ये सब के साथ जिंदगी बहुत सारी खुशी के पल, अच्छी यादें, अच्छे रिश्ते, सफलतों का पल भी देता है। इसलिए, हर बार जब आप अपने जीवन के लिए खुश महसूस करते हैं, तो भगवान को शुक्रिया और अपने जीवन से प्यार करें।

Topic: पहला प्यार का याद।

पहला प्यार का याद ही है जो भूलने के बाद भी नहीं भुलाया करता, जिनको पहला प्यार मिल गया उनको जन्नत मिल गया, जिनको नहीं मिला वो उसकी याद में मैं ही डूब गए। पहला प्यार का यादें ही, पहले रिस्ते की गलतियों याद करवातीं है, पहले रिस्ते को निभाना मैं कितना नाकामियाब हुए थे याद करवाती है, पहले प्यार का याद ही हम कितना नादान थे याद करवाती है,वो पहला प्यार ही था जिसमें उनकी वो मुस्कान, वो पुराना दिन, वो पुरानी बातें, वो प्यार भरा पल, सब याद आता है। उन्हीं खास दिनों पर

उनको खास महसूस करवाना, उनको उनके पसंद का चिज़ देना, उनकी परछाई की तरह साथ चलना, उनकी एक झलक मैं ही खो जाना, उनकी वो पुरानी बातों को गौर से याद करके सुनना, उनके साथ होने का झलक खुले आंखों से ही याद करना, ये एहसास खास होता है और ये एहसास का याद कभी नहीं मिटता। पहला प्यार मिले या ना मिले, जिंदगी मैं जितने भी खास चिज होता हे पहला खास चिज़ तो पहला प्यार ही होता है।

Topic: Love life.

Story of love life is beautiful. Sometimes it's end at last breath and sometimes it's end at early stages. The relationship duration depends on time to time relationship refreshment. Improvement and refreshments like; personal lifestyle, financial sources, maturity thoughts, strong mindsets. Take care of love moments, gifts, trust things, understanding and promises. Thus way relationship builds up with perfection. Sometimes it's end due to wrong situation and before time decision. Long love relationship is the promises of togetherness till last. Story needs each other responsibility equally. When it breaks the bond starts getting weak. No one wants to but, the story end at its worst situation. Always give your hundred percent efforts to keep it. Take care of it.

Topic: Everything has an expiry date.

Nothing is permanent in life. Human, trees, animals, every product and things has expired date. You have to live it fullest. Each time you go with life be memorable and cheerful. Life has so many things to enjoy. Life is cruel to survive long. Long survival makes life roller cluster. When the road of life, chapter of life book ends no one knows. Make your life journey great to inspire forever. There is an end of everything. As life love relationship has got expired date and all faded with the time passed away. Beware of your words, love, cares, efforts, expectations with the next person. Because no one knows when he reacts, misunderstanding you and left you behind. You only get the full stop.

Topic: Self love.

Self love is an art. The art gives you full freedom on your activities, thoughts, self-confidence and desires. Life has so many entries and exits are there at last here only you exist. Which means life having so many colors; color of happiness, color of depression, color of adventures, color of enjoying moment, color of special moment, color of broken moment and color of birth, death. At every time someone there for u is not guaranteed so, falling love with you, take care of it and live long. It's an amazing self time to experience. You have to try and feel it. Self love motivates you from your core. It gives you the confidence of anything to do. Self love takes care of your empty part of your love.

Topic: Today love.

Love is a beautiful thing to do in whole world. Let's talk about today's love, now it all in impression, expectation, attention, prediction and possessive way. We all impressed our loved one to love us, we expect our loved one to love us as much as we do, we always want to same attention from them at any cost, we predict the future with them without understood the present reality and when we got any little thing I mention above, we start possesiveness to them. Some time it's all create a beautiful path of infinity love or it all over in just a second for some little mistake. So, in love always beware of the person you love and her/his genuine stuffs. Take care of yourself and your partner. The journey of love is may be individuals. But, the path you walk with partner is same. A long journey is possible when, you value your partner and the path.

Topic: Relationships.

Relationships are best part of life which makes your life beautiful. Relationships are having conditions to make a remarkable love story of two soul togetherness. Two people get attached and make suitable, comfortable and easier life for each other. They take care of all stuffs with sharing life in between. Life having full of ups and downs, they experience all situations and part of life together. That togetherness motivates each other to live life long and experience more.

I love the trueness in relationship. Relationship having true, genuine, honest and pure are last long. I do in my relationship are love the person, care the love, respect the feelings, maintain the bond, trust the emotions, try to stay till last every time and failed. As I do so much. I got so much pain, hurt, tears, broken, blame, hopeless and failure. I got nothing as I do for. In the process I experience so much to take as lesson. Lessons like; blind love is a wrong concept, alone better than a incomplete relationship, both efforts are equally matter, give your fullest but don't expect much in return, love them like they are everything for you, show your controlled emotion.

Topic: Life is equal to conversation

As a conversation is contains end to end emotions between two people. Life is also like conversation, when conversation starts the topics to discuss and explore unknown things of each other's interest. After conversation continues there is a time came where lack of topics to discussion and conversation discontinued. Also at some conversation those two people really interest in conversation they have no lacking of topics, they can enjoy anything (anything means anything) they converse. Thus way some conversation end at discontinued point and some are endless till lifelong. It's above all things about conversation but when it's related to life, life also having different people and different conversationy6gvs. Start of a relationship there always new things of other to discuss then there is lacks of it or other way they connected due to stupid and endless conversation; which lead them as a beautiful companion. At point some are disconnected due to lack conversations and some are connected till last long due to unconditional interest in that relationship. So, life is equal to conversation.

Topic: Smile for a reason.

Smile for being alive.

Smile for being with family.

Smile for a good day spend.

Smile for being yourself first.

Smile for having a good destination.

Smile for all good memories of your life.

Smile for a life, which someone dreams for.

Smile for all achievement of past moments.

Smile for boost your positive energy to do more.

Smile for you ready to accept the god's precious gifts.

A smile at day start and another smile at day end to fulfill your soul with satisfactions. A smile at day start is for motivation to do things positive way. A smile is at day end for doing all things in positive way. Smile and thank god for giving you all, what you really ready to accept.

Topic: I can't afford to lose you.

I never want to lose you. But there are situations, times and things which are against us to differentiate. Although you left me, I lost you from that moment. You don't know what I take losses with you. There are the thought of forever with you, thought of loving you forever, thought togetherness of us, all goes to end with the loss of you. You are my world, my world of togetherness, my world of love, my world of emotions, which I lose with you. I'm completely dead without you. Without you I am nothing. Please forgive me. I can't afford to lose you.

Topic: Life is an Ocean.

Life is an ocean where you have to do something for survive the tide of ocean and enjoy the swimming to achieve that destination of your life. Otherwise without doing anything you simply found yourself in the deep of the ocean as dead body. To survive here no strong or weak body matter, what matter is your strong or weak mindset? That strong mindset brings you all success story to tell. And that weak mindset brings you to a path of failure, where you only thinking of how to get success without efforts and finding shortcuts. Success having its own story, no one is get success without putting efforts.

Success having no shortcuts, you have to be determine, passionate, learner, hard worker and at last to be a good survivor. Each and every effort is matter. Life having good and bad things, we stick to the good stories and experience from bad stories. That's all.

Topic: I'm the villain of my world.

Some are saying's

I'm the King of my world.

I'm the Queen of my world.

I'm the prince of my world.

I'm the princess of my world.

I'm the devil of my world.

I'm the hero of my world.

I'm the joker of my world.

But, here I'm the villain of my world. Every time I got myself to punish myself, used myself, destroy myself and push myself to keep growing, improving and matured. Yes, there is many times where I'm hurting myself badly but after the process I experienced and learnt so many life lessons and doing less mistakes. The pure and real things give me confidence to stay long in any relationship. You choose me or loose me; it's totally your choice. I don't care of it. I'm okay with not okay. I'm the villain of my world. It's my life.

Topic: Observation on emotion.

Emotions make us human. Showing or express emotion is normal for us. There is an observation I got throughout life experience. I differentiate emotional people in three types. First one is expressive people; when they got emotional they express it frankly. They are easily come out from emotional situation. It's normal but at the time of technology and development, they take is casual basis. Now a day there are only kids and some are this type. Second one is intensive emotional people; when they got emotional then first observing the situation, the people around them and decides the right time for it. They are comfortable to got emotional in front of own people. They maintaining the situation demand but, kill their emotion. Life is so tough for them. Third one is joker faced people; which are got emotional rarely or only their me time. They always wear a face there is no hint of hurting, feeling bad, got emotional and bad day feeling. Seriously I'm a hater of tears. Yes, tears are break you and losing your self-confident but also it will make you realize the mistake you made and next time you not go for the same mistake. So, as a suggestion from me please never stuck your tears or emotions for a long time. It will destroy your life. Depression and loneliness are some situations which is caused due to stuck in the pain for long. So please when you feel pain, hurt and emotion go to express it as soon possible. Tears are valuable liquid of our body don't waste it. Express it to enjoy life.

Topic: Reel story.

Is reel good or bad? There is a time where we watch three hour of movie story for entertainment and learn valuable lessons. After it we shift to YouTube and short stories contents, which are around 20-30mins. After three hour of enjoyment time we enjoy same vibe of entertainment and learning lessons from 20-30mins videos. Then also the music things are dip us into lots of feeling and emotion. Now the trend is just 15secs-1min videos. Just look at the transition from a long 3 hr to just one minute. There is also platform for it, like YouTube short videos, Instagram reel, face book watch, tiktok and all. So, now is the process to swipe it till the interesting content shown. Is it worth the time we spend here? It is good for a reason like marketing and advertising new products in shortly. It also good for them who want some quick lessons from a education channel or page. The real problem is the good part is less active than the bad part. Bad things about it are the meaningless drama, copy entertainment idea, doing viral trend and so much worthless stuffs. It also wastes your time by meaningless content. Due to all of these, it also causes of mood swings, addiction, time wastage, loneliness, depression, anxiety and all. Beware of all good and bad things.

Topic: Alone.

Being alone, time spend with yourself is good for your mental health. You have sufficient time to knowing about your things like what you really want, what you do next. In between that sweetness of being alone, there are some tears of loneliness which feel you about the reality of living. You stuck at over thinking, unnecessary emotions and having lots of negative thoughts. As soon as you get out of it you feel good. Out of loneliness there is some people, who really mean your situation, your valuable emotions and love you anyway. Live for them and enjoy the sweetness of life. After all loneliness never ends because we are human and we have unsatisfied things. Don't worry. Take care of yourself. Life is a beautiful journey to explore more. Hope for best and goes on.

Topic: Innocence.

Innocence is jewel of human. When you not knowing about your innocence you provide other to use this and later stage of life you show how stupid you are. Innocence is neither good nor bad. Don't let others to take over your innocence otherwise they use it and you even don't know about it. As result at later stage of life you get hurt of thinking how fool you are to let others to control you. Beware of innocence attitude it makes you a good person but it has also limited authorization. So, as much as you take over it in control you are in safe mind set. Innocence having its own beauty to it takes out pure and real things from you. Innocence good in front of own people, who understand you and they have authorized to use you but don't use you. They love you and enjoy with you with your innocence. When the innocence takes over everything, it's a beautiful moment to purely lost in the own moment. As matter of times goes at the childish age, innocence looks like a quality and casual for society. After a sometime between teenage to old age your innocence is always a debate of weakness for society. After all society have its own principle and thinking to ensure your personality under the limitation. It's all up to you to how you make it worthy and make more from it. Take care of your innocence it's your purity.

Topic: Society.

Society is an unpredictable mindset of crowd to facing it tough at every stage of life. Society make with the crowd. We have to born, stand, proof and live life separately. When you are win society having positive and negative gossips, when you lose also society having same stuffs. We have to grown up stay within the society. Societies having the mindset sometime it over rule you and limiting your thought process. There is the society, which support you and encourage you to the great thing happening. Also the way they accept and reject your thought process is manipulating your career so much. Don't be focus on the rule and regulation of society till get success. After success and achievement, it's all turn to be greater motivation for other. So, don't live like normal people, if you have your ideas and vision to get something.

Topic: Life.

Life is full of good and bad things; full of good and bad mornings, full of right and wrong situations, full of good and bad nights, full of lucky and unlucky days, full of sunrises and sunsets, full of good and bad ideas, full of lucky and unlucky moments and full of good and bad decisions. It's all look like two opposite side of the coin and here the coin is life. You have to go through bad things to get good stuffs. You have to spend it well. Don't be giving up or run away from this, otherwise you missed the beauty of a morning, feel of a windy evening, joy of achievements, love of true people, most importantly a blessed life from God. It's a gift from God.

Topic: Modern love.

Meaning of love is changes during change of time, change of generation and most importantly change of technology. Love needs care, support, loyal and trust. Today's love is all about efforts, gifts, status, social media, show offs, expressive, same caste and bank balance. Seriously think once, is this all need for love. As my preference love is things which contain purity in reality. You have to express it as you feel it, not by the things like technology, social media and all. Yes, technology need to survive modern world but don't let them to control you and your activity. Love is like free bird; don't put it to a prison, express it as you mean it. Don't regret if you don't get love in back it just a pure thing. If you got love in back for love, then you are the lucky one. So, love others, but don't force anyone to love you. Don't spoil your precious love feeling by expecting it. Expecting love is a mistake. Take care of it. You always be your first love. Love is not only relation of a boy and a girl, its everywhere in the whole universe. Feel it fullest and enjoy the life. Express your love I bet you, you get it back in a special way. Love emotion is out of world. Love and make world to your family.

Topic: Journey.

Every journey has a start and an end point. Everyone's journey is different. In the process of journey, you facing, experience some small journeys. Every journey gives you lessons, special moments, bad days, shining nights and so many memories. Enjoy each moment and the journey became fruitful to experience. Here I have a journey to tell you. In my process of journey, I got a new journey with writing own thoughts and express myself deeply. Writing journey will turn me to creative, refresh, over thinking and exploring world in a different view daily. At starting of the journey I'm a patient of depression and anxiety. When, I try to share my emotions, feelings, there is no one to hear me. At that time, I'm starting to give words to my emotions. It's all made me relaxing and free mind. I keep all the thoughts in Google keep notes privately. Then one day a special soul suggests me to make these private thoughts to public post. I'm start doing that and it's give me more joy like express my thoughts to world. I'm grateful and thankful to that soul for every achievement I got from this journey. It's just the beginning of my writing journey. In this book what I delivered is the whole collection of thoughts in last two years.

Hopefully you got my thoughts and journey. All the best for your life journey and my thoughts are hopefully helps you.

DEAR READER

Dear Reader,

Here we are come to end of the first journey. During reading you got some poetry, write-ups and some life lessons. Hopefully these all inspire and motivate you for making an easier path for yourself. Thank you for taking some valuable time to read my words for you. I hope they all helped you to look beyond your struggles and begin working on your life path. I am so thankful to god for this opportunity to share my feelings and emotions with you. I hope that this book has helped you throughout your life process. Start a daily note to allow some time to reflect you. Write down your thoughts and emotions; give yourself the opportunity to cure and heal them. Make sure you take care of yourself. Take every day as an event to enjoy. Hold on to my words like a life guide that can offer support and understanding life situations. Don't be selfish; share them with anyone you think might need to read them right now. With as many people read it and take some valuable lessons of life. Write your own letters, to yourself or to other people. Maybe write a letter back to me and tell me how you feel in between reading. I would love to find out how my words made you feel. They are so many journey remain to explore with me. Stay connected by tagging and DM me in Instagram. I'm always considering you first. It's my promise. Thank you for everything.

I'm feeling like you and always there with you, dearest reader.

लंबे सफ़र के राही है हम,

अब तो बस सफर की शुरुआत किया है।

मिले हो सफ़र पे तो आगे भी मिलेंगे,

यूं लंबी सफर में हमसफर बनकर।

~End~

www.noellorenz.com